精准脱贫：重庆的探索与实践
中国扶贫发展中心　组织编写

怎样抓党建促脱贫攻坚

郑寰　袁美秀 / 编著

中国文联出版社

图书在版编目（CIP）数据

怎样抓党建促脱贫攻坚 / 郑寰，袁美秀编著 . -- 北京：中国文联出版社，2021.11
ISBN 978-7-5190-4603-3

Ⅰ . ①怎… Ⅱ . ①郑… ②袁… Ⅲ . ①扶贫－工作经验－重庆 Ⅳ . ① F127.719

中国版本图书馆 CIP 数据核字 (2021) 第 115999 号

编　　著	郑　寰　袁美秀
责任编辑	刘　丰
责任校对	岳蓝峰
图书设计	谭　锴

出版发行	中国文联出版社有限公司
社　　址	北京市朝阳区农展馆南里 10 号　　邮编　100125
电　　话	010-85923025（发行部）　010-85923091（总编室）
经　　销	全国新华书店等
印　　刷	北京市庆全新光印刷有限公司

开　　本	880 毫米 × 1230 毫米　1/32
印　　张	4.75
字　　数	84 千字
版　　次	2021 年 11 月第 1 版第 1 次印刷
定　　价	48.00 元

版权所有·侵权必究
如有印装质量问题，请与本社发行部联系调换

精准脱贫：重庆的探索与实践
编委会

主　　任：刘贵忠

顾　　问：刘戈新

副 主 任：魏大学　　黄长武　　莫　杰　　王光荣　　董瑞忠
　　　　　徐海波　　周　松　　罗代福　　李　清　　田茂慧
　　　　　吴大春　　马宗南

成　　员：孙元忠　　兰江东　　刘建元　　李永波　　卢贤炜
　　　　　胡剑波　　颜　彦　　熊　亮　　孙小丽　　徐威渝
　　　　　唐　宁　　蒲云政　　李耀邦　　王金旗　　葛洛雅柯
　　　　　汪　洋　　李青松　　李　婷　　牛文伟

编　　辑：赵紫东　　谭其华　　杨　勇　　胡力方　　孙天容
　　　　　郑岘锋　　刘天兰　　李　明　　郭　黎　　陈　勇

主　　编：魏大学　　周　松
执行主编：孙小丽　　牛文伟
副 主 编：赵紫东　　谭其华　　杨　勇　　陈　勇

目录

第一章·抓党建促脱贫攻坚的发展历程

抓党建促脱贫攻坚的主要挑战·003

抓党建促脱贫攻坚的政策历程·009

抓党建促脱贫攻坚的成效·017

第二章·党的领导是扶贫开发的根本保证

坚持政治统领,在战略部署上"扣扣子"·023

压实领导责任,在责任履行上"担担子"·028

强化督查问责,在任务落实上"钉钉子"·034

发挥集团优势,在力量整合上"聚能量"·038

第三章·推动党的组织优势转化为扶贫优势

全面提升组织力以突出政治功能·043

持续整顿软弱涣散村党组织·049

切实加大基层基础投入保障·054

增强集体经济"造血"功能·057

第四章·抓好执政骨干和人才队伍建设

选干部配班子,发挥钢筋铁骨作用·065

聚人才建队伍,发挥人才领军作用·076

把党员组织起来,发挥先锋模范作用·084

强化驻村帮扶,发挥生力军作用·091

第五章·强作风提能力为脱贫攻坚保驾护航

深化扶贫领域腐败和作风问题专项治理·101

提升基层治理能力·109

提高群众工作本领·118

第六章·启示与展望

党组织全面领导统起来·125

党组织自身建设强起来·128

干部队伍严管厚爱干起来·131

人民群众共同参与活起来·134

基层组织协同治理动起来·136

后记·139

第一章·抓党建促脱贫攻坚的发展历程

丰都县

　　抓好党建促脱贫攻坚，是贫困地区脱贫致富的重要经验。习近平总书记强调，办好农村的事情，实现乡村振兴，关键在党。在党中央坚强领导下，重庆市以习近平新时代中国特色社会主义思想为统领，发挥党的政治优势和制度优势，深入推进抓党建促脱贫攻坚，把扶贫开发同基层组织有机结合起来，有力地推动脱贫攻坚取得了显著成绩。

　　重庆市的抓党建促脱贫攻坚工作，是在习近平新时代中国特色社会主义思想的指引下形成和发展起来的。习近平总书记高度重视重庆发展，始终关心重庆工作，十分牵挂重庆人民。自2012年以来，习近平总书记两次考察重庆，走访困难群众，主持召开解决"两不愁三保障"突出问题座谈会。总书记站在全局和战略的高度，为重庆打赢脱贫攻坚战指明了前进方向、提供了根本遵循。党的十八大以来，在党的理论创新指引下，各地抓脱贫攻坚工作更加注重把夯实农村基层党组织同脱贫攻坚结合起来，形成了抓党建促攻坚工作的好经验。

抓党建促脱贫攻坚的主要挑战

重庆大城市、大农村、大山区、大库区并存,发展不平衡不充分问题较为突出。重庆市兼具革命老区、民族地区、贫困地区、三峡库区的特点,资源环境问题较突出,生态修复和污染防治任务重,三峡库区等敏感区域环境治理从紧。从发展阶段看,重庆处于工业化中期阶段,社会民生需求大,居民收入差距仍呈扩大趋势,城乡统筹发展还任重道远。在 2014 年底,全市有贫困村 1919 个,贫困人口 165.9 万,扶贫攻坚任务繁重艰巨。

渝东北和渝东南地区,分属于秦巴山、武陵山集中连片贫困地区,这里山连着山、岭靠着岭,地形复杂、交通不便、贫困人口聚集,是重庆市脱贫攻坚必须啃下的"硬骨头"。其中,武陵山区是我国内陆跨省交界地区面积最大、人口最多的少数民族聚居区,贫困人口分布广,贫困程度深。根据摸底调查,重庆 60% 以上的贫困群众分布在生产生活条件极差的高寒山区、深山峡谷和石漠化地区。在这些地方就地扶贫，投入极大效果却差，导致不少地区陷入"年年扶贫年年贫"的怪圈，始终难以摘除"穷"帽。

2015年，在充分考虑贫困现状、工作基础和发展态势等因素的基础上，重庆市委、市政府明确提出了"2017年基本脱贫，2018年做好扫尾工作"的总体目标，要求在2017年基本完成18个重点区县、1919个贫困村、165.9万贫困人口脱贫工作，2018年"打扫战场"。按照"三高、一低、三差、三重"[1]标准，重庆市识别出4个深度贫困县和18个深度贫困乡镇。4个深度贫困县是城口县、巫溪县、酉阳县和彭水县；18个深度贫困乡镇分布在14个国家扶贫开发工作重点区县。

---

1. "三高"指贫困发生率高、贫困人口占比高、贫困村占比高；"一低"指农民人均可支配收入低；"三差"指基础设施差、生存环境差、主导产业带动能力差；"三重"指低保五保残疾等贫困人口脱贫任务重、因病致贫人口脱贫任务重、贫困老人脱贫任务重。

重庆市18个深度贫困乡镇贫困基本状况

序号	乡镇名称	行政村（个）	2014年建档立卡贫困村（个）	总人口（人）	平均海拔（米）	2014年以来建档立卡贫困对象户数（户）	2014年以来建档立卡贫困对象人数（人）
1	石柱县中益乡	7	4	8168	1200	517	1752
2	奉节县平安乡	12	6	20859	1079	676	2700
3	丰都县三建乡	8	6	13930	637	780	3224
4	云阳县泥溪镇	10	5	16935	750	481	1873
5	巫溪县中岗乡	13	9	19157	1360	1050	3984
6	城口县鸡鸣乡	6	3	5556	1350	332	1292
7	巫山县双龙镇	20	10	34041	750	1695	6156
8	开州区大进镇	19	7	46377	1000	1727	6549
9	城口县沿河乡	6	3	7958	1050	435	1768
10	彭水县三义乡	6	3	6957	1050	605	2277

续表

序号	乡镇名称	行政村（个）	2014年建档立卡贫困村（个）	总人口（人）	平均海拔（米）	2014年以来建档立卡贫困对象户数（户）	2014年以来建档立卡贫困对象人数（人）
11	武隆区后坪乡	6	4	7640	1100	408	1630
12	彭水县大垭乡	4	2	5802	914	531	2207
13	巫溪县天元乡	9	6	8302	1560	793	2931
14	万州区龙驹镇	21	7	51956	860	2255	7618
15	酉阳县浪坪乡	3	2	10980	750	516	2281
16	酉阳县车田乡	4	3	8414	750	540	2472
17	秀山县隘口镇	11	5	24607	820	710	3160
18	黔江区金溪镇	8	6	14880	800	587	2157
合计		173	91	312519	988	14638	56031

注：重庆市18个深度贫困乡镇是按照一定标准，适当考虑区域平衡和发挥示范带动作用的因素，通过一定方法确定的。

18个深度贫困乡镇，是按照贫困发生率、人均可支配收入等硬指标，精准、严格识别出来的，是重庆的

"贫中之贫"。这18个乡镇的脱贫攻坚进度,对重庆市脱贫攻坚成效有重大影响。

如何补齐最不发达的"短板",加大对贫困地区和贫困群众的扶持力度,不断提高城乡公共服务均等化水平,事关重庆市能否实现高质量发展。随着工业化和城市化的深入推进,社会结构和经济结构的矛盾逐步显现,重庆市的农村基层党建工作面临着巨大的挑战。

一是基层组织力量薄弱,难以发挥带领群众脱贫致富的战斗堡垒作用。有的农村基层党组织威信下降,甚至出现虚化、弱化、边缘化问题,说话没人听,办事没人跟,没有凝聚起推动脱贫攻坚和乡村振兴的强大合力。有的农村基层党组织在推进农村改革发展、带领群众脱贫致富等方面能力欠缺;有的农村基层党组织带头人素质不高、能力不强,部分农村干部对政策法规不熟悉、工作技能不精通、"本领恐慌"问题日益凸显;还有的农村基层党支部对党员缺少教育管理,党员责任意识不强,先锋模范作用发挥不明显。

二是农村干部人才较为匮乏,党员作用发挥不充分。农村青壮年劳动力大量流向城市,农村空心化、空巢化、老龄化较为严重。有的地方农村干部队伍年龄老化、结构不优、青黄不接、后继乏人现象较为明显,培养后备力量力度不够,优秀年轻村干部"难选"。基层干部薪酬偏低,岗位吸引力不大,优秀人才难觅。

三是村级集体经济发展较为薄弱，村集体缺少向心力。村集体"缺资金、缺能人、缺资源、缺模式"问题在各地区不同程度存在，村"两委"在农村集体经济发展中的带动力、创新力、影响力不强。农村集体经济发展不充分，个人与集体缺少利益联结纽带，不少地区村集体经济呈"空壳化"现象，农民缺乏归属感，集体缺少向心力。

四是乡村治理能力相对较弱。一些村级组织自身不硬，全面从严治党抓得不紧，财务管理混乱，民主监督缺位，"小官巨贪"现象时有发生。基层党建工作仍然面临着传统治理思维的挑战，党建引领缺位，群众参与自治主动性不够，村规民约和道德约束力不强，村民自治机制还需完善。农村移风易俗还需加大力度，乡风文明建设亟待加强。

五是党的作风建设有待加强，修复基层政治生态任务繁重。脱贫攻坚战考验着各级领导班子和党员干部的精神状态、能力素质和工作作风。重庆市脱贫攻坚工作走过一段弯路，一些领导干部在思想认识、方法举措、能力作风方面都还有一个转变的过程。有的区县急于求成、拔苗助长等问题突出。

基层党的建设存在的这些问题，恰恰说明了加强党的建设的紧迫性和重要性。围绕脱贫抓党建，抓好党建促脱贫，不仅是事关党的执政基础的重大政治问题，更是打赢脱贫攻坚战的必由选择。

抓党建促脱贫攻坚的政策历程

重庆市直辖市成立于1997年,是继北京、天津、上海之后的中国第四大直辖市。搞好扶贫开发工作,是直辖时党中央交办给重庆的"四件大事"之一。重庆市始终把脱贫攻坚作为一项极其重要、极为严肃的政治任务,深入贯彻《中共中央 国务院关于打赢脱贫攻坚战的决定》和"三年行动指导意见",精心谋划、统筹推进全市抓党建促脱贫攻坚工作。回顾重庆抓党建促脱贫的政策历程,大致分为以下几个阶段:

一、党的十八大以来的五年

党的十八大以来,以习近平同志为核心的党中央全面加强党的领导,深入推进党的建设新的伟大工程,推动党的建设取得重大历史性成就、发生格局性变化,为党和国家各项事业发展提供了坚强政治保证。特别是，从战略高度和长远角度，推进全面从严治党向基层延伸，扎实做好抓基层强基础的工作，不断夯实党的执政根基。党中央的系列理论创新为重庆抓党建促脱贫攻坚提供了遵循。

2012年在河北省阜平县考察时，习近平总书记强调："抓好党建促扶贫，是贫困地区脱贫致富的重要经验。要把扶贫开发同基层组织建设有机结合起来，抓好以村党组织为核心的村级组织配套建设，把基层党组织建设成为带领乡亲们脱贫致富、维护农村稳定的坚强领导核心，发展经济、改善民生、建设服务型党支部，寓管理于服务之中，真正发挥战斗堡垒作用。"[1]党的十八大作出创新基层党建工作、加强基层服务型党组织建设的重大部署。大力推进基层服务型党组织建设，成为农村基层党的建设主题，组织动员党员干部全力投入脱贫攻坚，充分彰显党组织"主心骨"和党员"排头兵"作用。

在这样的背景下，重庆市以基层服务型党组织建设和践行党的群众路线为主题，注重把党的建设与扶贫工作相结合，坚持做"减法"与做"加法"相结合，着力减轻基层负担，切实提升服务功能，推动基层组织由

---

1. 习近平总书记在河北省阜平县考察扶贫开发工作时的讲话，2012年12月。

"机关化"向"服务型"回归。主要措施有：分级分批对全市1.1万余名村（社区）党组织书记进行全覆盖培训；将村（社区）办公经费补助提高25%，工作人员补贴提高40%，全面实行村（社区）干部养老保险补贴制度，并建立定期调整机制；探索实行业绩考核奖励制度，将村（社区）干部工作报酬与服务效果、群众口碑挂钩等。

2015年11月，中央召开扶贫开发工作会议，作出打赢脱贫攻坚战的决定，对脱贫攻坚进行全面决策部署。会议强调，越是进行脱贫攻坚战，越是要加强和改善党的领导。各级党委和政府必须坚定信心、勇于担当，把脱贫职责扛在肩上，把脱贫任务抓在手上。习近平总书记强调，各级领导干部要保持顽强的工作作风和拼劲，满腔热情做好脱贫攻坚工作。脱贫攻坚任务重的地区党委和政府要把脱贫攻坚作为"十三五"期间头等大事和第一民生工程来抓，坚持以脱贫攻坚统揽经济社会发展全局。重庆市部署和落实保持贫困县党政正职稳定、建强贫困地区基层党组织、精准选派第一书记和驻村工作队等重点任务。

2016年1月，习近平总书记考察重庆时强调："在整个发展过程中，都要注重民生、保障民生、改善民生，让改革发展成果更多更公平惠及广大人民群众，使人民群众在共建共享发展中有更多获得感。特别是要从解决群众最关心最直接最现实的利益问题入手，做好普惠性、基础性、兜底性民生建设,全面提高公共服务共建能力和共享水平,满足老百姓多样化的民生需求,织就密实的民生保障网。"[1]扶贫开发成败系于精准,要找准"穷根"、明确靶向,量身定做、对症下药,真正扶到点上、扶到根上。脱贫摘帽始终坚持成熟一个摘一个,既防止不思进取、等靠要,又防止揠苗助长、图虚名。

二、党的十九大以来

党的十九大提出了一系列关于党的建设的新理念新观点。近年来,党中央先后颁布出台了《中国共产党支部工作条例(试行)》,修订了《中国共产党农村基层组织工作条例》,推动党的基层组织制度化不断取得新进展。在农村,坚持和健全农村重大事项、重要问题、重要工作由党组织讨论决定的机制,完善党组织实施有效领导、其他各类组织按照法律和各自章程开展工作的运行机制,坚决防止村级党组织弱化虚化边缘化现象。这一系列新举措,是党中央对党的基层组织建设的新部署、新目标、新定位、新举措,为全面加强基层党组织建设指明了方向。

2019年,习近平总书记再次视察重庆并发表重要讲话,特别强调了抓党建促脱贫攻坚的重要性。他指出,

---

1. 习近平总书记在重庆调研时的讲话,2016年1月。

要把全面从严治党要求贯穿脱贫攻坚全过程，强化作风建设，完善和落实抓党建促脱贫的体制机制，发挥基层党组织带领群众脱贫致富的战斗堡垒作用，深化扶贫领域腐败和作风问题专项治理，把基层减负各项决策落到实处。要坚决整治形式主义、官僚主义，让基层干部从繁文缛节、文山会海、迎来送往中解脱出来。习近平总书记强调："我们是全心全意为人民服务的党，追求老百姓的幸福。路很长，我们肩负的责任很重，这方面不能有一劳永逸、可以歇歇脚的思想。唯有坚定不移、坚忍不拔、坚持不懈，才能无愧于时代、不负人民。"[1]

在石柱土家族自治县华溪村，习近平同村民代表、基层干部、扶贫干部、乡村医生等围坐在一起，摆政策、聊变化、谋发展。习近平对乡亲们说，脱贫攻坚是我心里最牵挂的一件大事，这次我专程来看望乡亲们，就是想实地了解"两不愁三保障"是不是真落地，还有哪些问题。要加强乡村两级基层党组织建设，更好发挥在脱贫攻坚中的战斗堡垒作用，提高党在基层的治理能力和服务群众能力。党员干部要到脱贫攻坚的一线、到带领群众脱贫致富的火热实践中历练，经受考验，磨炼党性，增进群众感情，增强做好工作的本领。

总书记特别提到了奋战在一线的扶贫干部，这都是

---

1. 习近平总书记在重庆考察时的讲话，2019年4月。

我们新时代的英雄。我们要关心他们的生活、健康、安全。对牺牲干部的家属要及时给予抚恤、长期帮扶慰问。对在基层一线干出成绩、群众欢迎的干部，要注意培养使用。对那些畏苦畏难、敷衍了事、弄虚作假的扶贫干部，要加强教育管理，该撤换的要及时撤换，该问责的要坚决问责。对在基层一线干出成绩、群众欢迎的干部，要注意培养使用。培养干部就是要不断推到火线上、前线上，在摔打中成长，成为骨干栋梁。

重庆市委坚持从"两个维护"的高度，深入学习贯彻习近平总书记扶贫工作重要论述和视察重庆重要讲话精神，牢记总书记关于"抓紧抓实党的建设工作"的殷殷嘱托，高度重视抓党建促脱贫攻坚工作。市委书记陈敏尔多次召开会议研究，经常深入基层调研，强调要深入推进抓党建促脱贫攻坚行动。重庆市出台了《关于深化脱贫攻坚的意见》（渝委发〔2017〕27号）把党建引领贯穿始终、把责任履行贯穿始终。

2017年11月，重庆市委出台了《深化抓党建促脱贫攻坚行动方案》，围绕实施乡村振兴战略、坚决打赢脱贫攻坚战提出21项措施。在实践中，市委、市政府围绕抓党建促脱贫攻坚，不断完善配套政策，出台了《深度贫困乡（镇）定点包干脱贫攻坚行动方案》（渝委办〔2017〕91号）、《关于加强村（社区）组织运转经费保障工作的通知》》（渝委组〔2017〕312号）、《关于深入开展兴调研转作风促落实行动的通知》(渝委办〔2018〕19号)、《重庆市推进乡村组织振兴重点措施》(渝委组〔2020〕61号)等一系列文件,打出了抓党建促脱贫攻坚的政策组合拳。

为了进一步细化落实举措,重庆市委组织部专门印发了《抓党建促脱贫攻坚工作督查重点》的通知,又进一步明确了12项重点任务,分解到相关责任部门。市委组织部2018年直接对18个深度贫困乡镇及所辖167个村班子运行情况深入研判,2019年直接下沉到33个未脱贫贫困村对其班子进行重点研判,在此基础上,各区县对班子配备不齐不强的及时调整补充。持续回引8678名本土人才在村挂职,积极培养储备村级后备力量。分级开展村党组织书记全覆盖培训,不断提升攻坚决战能力。

重庆市对标对表中共中央办公厅、国务院办公厅印发的《关于加强贫困村驻村工作队选派管理工作的指导意见》《关于关心基层扶贫干部保障安全工作的通知》等文件要求,先后制定发布《关于加强贫困村驻村工作队选派管理工作的实施意见》《深度贫困乡(镇)驻乡驻村干部管理试行办法》《关于贯彻落实全国驻村帮扶工作培训班会议精神进一步做实做好驻村帮扶工作的通知》《关于进一步加强扶贫干部队伍建设的通知》等政策文件,从选、育、管、用等方面建立起一套较为完备的制度,为做细做实全市驻村帮扶工作奠定了基础。

2019年以来,先后召开全市抓党建促脱贫攻坚工作座谈会、抓党建促脱贫攻坚工作调度会、抓党建促决战决胜脱贫攻坚电视电话会议,每年召开全市组织部长会和全市基层党建工作重点任务推进会等,加力加压推进脱贫攻坚各项工作。认真落实中组部部署和市委要求,深入扎实推进抓党建促脱贫攻坚各项工作,为打赢脱贫攻坚战提供坚强组织保证。各区县党委组织部精心组织、认真落实,形成一级抓一级、层层抓落实的格局。

根据党中央关于巡视工作统一部署,中央第四巡视组对重庆市开展脱贫攻坚专项巡视。重庆市以坚决抓好中央脱贫攻坚专项巡视反馈意见整改落实为主线,一手抓精准脱贫提质量,一手抓巡视整改补短板,切实把思想武装贯穿始终、把精准方略贯穿始终、把发现解决问题贯穿始终,注重把精准到人头与统筹到区域结合起来、把激发内生动力与用好外部力量结合起来、把打赢脱贫攻坚战与实施乡村振兴战略结合起来,保持决战态势,坚定必胜信念,下足绣花功夫,大力度高质量推动脱贫攻坚走深走实。

重庆市抓党建促脱贫攻坚的探索,是在习近平总书记关于党的建设和组织工作的论述指导下不断深化的。重庆市委认真落实党中央的决策部署,始终保持决战姿态,坚定必胜信念,切实抓好党建促脱贫,推动农村基层党的组织建设与脱贫攻坚工作有机结合,形成了具有中国特色、重庆特点的有效做法。

抓党建促脱贫攻坚的成效

经过持之以恒的努力，重庆市抓党建促脱贫攻坚取得了丰硕成果。截至 2020 年底，全市 14 个国家扶贫重点区县全部摘帽，1919 个贫困村全部出列，贫困发生率由 2014 年的 7.1% 降至 0.12%。这些成绩，是在扶贫路上的同志用生命和鲜血换来的，是广大党员干部一步一步走出来的，是广大人民一锄一锄干出来的。据统计，2015 年，何宜刚、何国权、彭中琼、李奎、王华、王显恒等 11 名扶贫党员干部因公牺牲。广大基层干部用自己的辛苦指数换来了贫困群众的幸福指数，得到了群众和组织的高度认同。

通过抓党建促脱贫攻坚，党的政策在重庆市更好地得到落实执行。广大驻村干部守初心、担使命，积极宣传贯彻党中央国务院关于脱贫攻坚各项方针政策、决策部署、工作措施，确保落地落实；认真开展贫困人口精准识别、精准帮扶、精准退出工作，积极参与拟定脱贫规划计划，推动本村按期高质量打赢脱贫攻坚战；参与实施特色产业扶贫、劳务输出扶贫、易地扶贫搬迁、贫困户危房改造、教育扶贫、科技扶贫、健康扶贫、生态保护扶贫等精准扶贫工作，推动金融、交通、水利、电力、通信、文化、社会保障等扶贫政策措施落实到村到户，惠及贫困群众。

通过抓党建促脱贫攻坚，党的执政基础得到了进一步巩固。广大驻村干部帮助加强基层组织建设，扎实开展软弱涣散村党组织集中整顿，协助县乡党委对村级班子开展研判，推动村干部队伍整体优化提升；积极对整治群众身边的腐败问题提出建议，推动落实管党治党政治责任；积极培养创业致富带头人，大力回引本土人才到村挂职任职、创新创业，打造一支"不走的扶贫工作队"。

通过抓党建促脱贫攻坚，基层干部作风明显转变。脱贫攻坚带来了干部作风大转变。重庆市在整改过程中查处扶贫领域腐败和作风问题858件，通过巡视整改，不仅为脱贫攻坚提供了坚强纪律和作风保障，而且有力促进了全面从严治党不断向基层延伸，让人民群众感受到党的关怀就在身边、正风反腐就在身边。精准扶贫精准脱贫政策需要落实到一家一户，脱贫攻坚让各级干部特别是领导干部在一线了解实情，离群众更近了，了解的问题更实了。帮扶干部履行帮扶责任，让干部同困难群众融为一体、打成一片，成了共同脱贫致富一家人，党在人民群众心中威望更高了。

通过抓党建促脱贫攻坚，重庆市基层治理能力显著提升。贫困群众在党和政府、社会各界的大力帮扶下，精神面貌变了，不但有了干劲，而且对未来美好生活充满了信心，脱贫的精神动力更强了。在第一书记和驻村工作队的帮助下，村级集体经济得到充实，广大基层干部协助管好用好村级集体收入，建立健全与贫困户的利益联结机制；严格监管扶贫资金项目，推动落实公示公告制度，切实做到公开公平公正，农村基层党组织的凝聚力、战斗力得到加强，农村治理水平得到了显著提升。

第二章·党的领导是扶贫开发的根本保证

党的领导是扶贫开发的根本保证,扶贫开发是检验党建成效的重要战场。越是进行脱贫攻坚战,越是要加强和改善党的领导。重庆市不断完善党的领导体制机制,通过优化扶贫机构设置、调整充实领导力量,在战略部署上"扣扣子"、在责任履行上"担担子"、在任务落实上"钉钉子"、在力量整合上"聚能量",为打赢脱贫攻坚战提供了坚强的组织保障。

坚持政治统领，
在战略部署上"扣扣子"

重庆市抓党建促脱贫攻坚，牢固坚持党的政治建设为统领。重庆市委拿出滚石上山的劲头，坚持破立并举、有破有立，进一步坚决肃清扶贫领域孙政才恶劣影响和薄熙来、王立军流毒，持续营造良好政治生态。重庆市委学习贯彻习近平总书记关于扶贫工作重要论述和党中央脱贫攻坚重大决策部署，坚决肃清孙政才恶劣影响和薄熙来、王立军流毒，突出纠偏纠错，实事求是调整脱贫进度时序，进一步完善政策举措，推动职能部门和区县落实脱贫攻坚政治责任，积极开展脱贫攻坚专项巡视，促使广大扶贫干部对脱贫攻坚工作作出重要贡献，脱贫攻坚取得了明显成效。

2018年11月，市委书记陈敏尔到城口县调研脱贫攻坚工作。在听取大家发言后，陈敏尔说，全市脱贫攻坚已进入最为关键的阶段，小康路上一个都不能掉队。学习好领会好习近平总书记关于扶贫的重要论述，是打赢打好脱贫攻坚战的根本前提。我们要深学笃用总书记关于扶贫的重要论述，增强脱贫攻坚的使命感责任感紧迫感，保持决战姿态，坚定必胜信念，切实抓好党建促脱贫，确保高质量打赢打好脱贫攻坚战。陈敏尔强调，脱贫攻坚战考验着各级领导班子和党员干部的精神状态、能力素质和工作作风。要充分发挥政治建设统领作用，牢固树立"四个意识"，严守政治纪律和政治规矩，用实际行动践行"两个维护"、兑现"三个确保"，坚决肃清孙政才恶劣影响和薄熙来、王立军流毒。要切实改进党员干部作风，坚决杜绝形式主义、官僚主义，注重正向激励、反面警示，以良好的作风打赢脱贫攻坚这场硬仗。

重庆市各级党组织充分发挥政治建设统领作用，旗帜鲜明讲政治抓政治，深入推进"两学一做"学习教育常态化制度化，分领域、分层次、全覆盖举办习近平新时代中国特色社会主义思想和党的十九大精神集中培训，教育引导广大党员干部切实增强"四个意识"，坚定"四个自信"，坚决做到"两个维护"，践行"三个确保"。按照中央脱贫攻坚专项巡视反馈意见要求和重庆市委整改落实工作部署，2019年2月20日，重庆市委常委班子用一天时间召开巡视整改专题民主生活会，深入贯彻落实习近平总书记关于巡视工作重要讲话精神、关于扶贫工作重要论述、对重庆所作重要指示批示精神和党中央脱贫攻坚重大决策部署,增强"四个意识",坚定"四个自信",践行"两个维护",对照中央脱贫攻坚专项巡视反馈意见,认真开展批评和自我批评,扎实做好巡视"后半篇文章",确保高质量如期打赢打好脱贫攻坚战。推动全市组织系统牢牢扛起脱贫攻坚政治责任,坚持把抓好脱贫攻坚作为树牢"四个意识"、增强"四个自信"、做到"两个维护"的具体体现,以对标对表的政治自觉和不折不扣的工作要求,切实把脱贫攻坚任务牢牢扛在肩上。

市委组织部坚持从自身抓起,深学笃用总书记关于扶贫工作重要论述和有关重要讲话精神,不断深化对脱贫攻坚政治性、重要性、紧迫性的认识。2018—2020年的三年来,先后召开35次部务会会议、2次专题民主生活会,反复学习、深入学习《习近平扶贫论述摘编》和总书记在解决"两不愁三保障"突出问题座谈会上、决战决胜脱贫攻坚座谈会上、视察重庆时的重要讲话等,把总书记的重要讲话重要指示精神作为抓好脱贫攻坚的思想武器,不断增强思想自觉、政治自觉和行动自觉,切实增强打赢打好脱贫攻坚战的使命担当。开展"学重要论述、强思想武装、促整改落实"专项行动,全市分级分类培训党员干部17.8万余人次。制定扶贫干部年度培训计划，分级分类实施全覆盖培训。市级重点对区县党政主要负责人、分管负责人和区县扶贫办班子成员、市级行业部门负责人、18个深度贫困乡镇驻乡工作队员等进行专题培训，对基层扶贫干部和贫困村干部开展示范培训；区县重点对乡镇领导班子成员、村"两委"成员、驻村干部等进行专题培训。

把习近平总书记关于扶贫工作重要论述作为"不忘初心、牢记使命"主题教育的重要内容。编印《习近平扶贫论述摘编》"口袋书"，全市扶贫干部人手一册，并将此作为全市各级党委（党组）中心组学习重要内容和各级扶贫培训必修科目。同时，适时举办深入学习习近平总书记关于扶贫工作重要论述专题研讨班，开展专题调研。围绕中央关于脱贫攻坚重大决策部署和市委工作要求贯彻落实情况，开展"访深贫、促整改、督攻坚"活动，组织各级干部按照"走访不漏户、户户见干部"要求，全面走访未脱贫建档立卡贫困户以及在义务教育、基本医疗、住房安全、饮水安全方面还存在疑点的已脱贫户，广泛听取意见，深入调查分析，提出对策建议，推动中央脱贫攻坚专项巡视反馈意见整改落实，深化实施"五级书记"[1]遍访贫困对象行动。同时，加大宣

---

1. "五级书记"，是指省、市（州）、县、乡（镇）、村的五级第一书记。

传力度。加强脱贫攻坚总结宣传，形成一批可复制、可推广的好经验和好做法。加大信息报送和先进典型宣传力度。多角度、全方位创作一批反映重庆市脱贫攻坚的文化艺术精品。讲好脱贫攻坚故事，弘扬脱贫攻坚伟大精神，展现脱贫攻坚良好形象。健全涉贫舆情处置反馈机制，防止炒作个别极端事件干扰脱贫攻坚大局。[1]

重庆市全面落实中组部抓党建促决战决胜脱贫攻坚电视电话会议部署，组织一轮脱贫攻坚干部全覆盖教育培训。一是开展集中培训。市委组织部制定发布《关于开展脱贫攻坚干部专题培训的通知》，市纪委监委、市委组织部、市扶贫办等单位领导依托党员远程教育系统围绕抓党建促决战决胜脱贫攻坚、扶贫领域作风建设、完成脱贫攻坚目标任务等讲解授课，共培训县、乡、村脱贫攻坚干部3万余人。二是开展线上培训。依托"重庆干部网络学院"上线《深入学习贯彻习近平总书记在决战决胜脱贫攻坚座谈会上重要讲话精神》《巩固和拓展脱贫攻坚成果》等系列课程，强化学分考核、考试评估等措施，全市15万余名干部参加线上学习。三是加强督导。督促指导各区县通过专题培训、集中轮训等方式，分级分类对扶贫干部进行培训，全面提升精准扶贫、精准脱贫能力。

---

1. 重庆市扶贫开发领导小组关于印发《2019年全市脱贫攻坚工作要点》的通知（渝扶组发〔2019〕1号）

压实领导责任，在责任履行上"担担子"

重庆市积极通过调整充实领导力量、优化扶贫机构设置、加强编制保障等措施，全力为精准扶贫、精准脱贫提供有力的体制机制保障。重庆市因地制宜，从实际出发，强化市抓总责、县区抓落实的体制机制设计，不断推动脱贫攻坚各项政策措施落地，各级党委作为脱贫攻坚的第一责任主体，肩负着打赢脱贫攻坚战的使命和全面从严治党的责任。重庆市通过压实党建工作责任制，切实增强政治责任感，各级党组织书记带头履责，抓好班子、带好队伍；班子成员和各有关部门分工担责，加强工作协同，落实"一岗双责"，形成从上到下、层层担当的责任链条。

领导以上率下督战促改。从市级领导做起、从具体问题改起，重庆市委常委班子以上率下、带头整改，层

秀山县

层分解任务、传导压力。市委书记、市长任"双组长",22位市领导定点包干18个深度贫困乡镇及所在区县,压实压紧责任。对市级领导干部定点包干的18个深度贫困乡镇,从市级扶贫集团成员单位分别选派1名副厅级干部担任驻乡工作队队长、1名处级干部担任联络员,同时选派1名以上工作人员开展驻村帮扶。区县党委书记遍访脱贫攻坚任务重的乡镇和贫困村,乡镇党委书记和村党组织书记遍访贫困户,全面摸清情况,排查问题短板,以上率下督战促改。

强化脱贫攻坚领导力量。贫困区县党委和政府坚持把脱贫攻坚作为"十三五"期间的头等大事和第一民生工程来抓，坚持以脱贫攻坚统揽经济社会发展全局，更加注重担当，更加注重精准，更加注重统筹，更加注重实效，调整充实区县脱贫攻坚领导力量，有脱贫攻坚工作任务的区县扶贫开发领导小组实行区县委书记和区县长双组长制。贯彻好干部标准，注重培养专业能力、专业精神，选优配强贫困区县领导班子，脱贫攻坚期内保持贫困区县党政正职稳定，坚持把脱贫攻坚实绩作为选拔任用干部的重要依据，把最优秀、最合适的干部调配到贫困区县领导班子，确保每个贫困区县领导班子都成为能够打赢脱贫攻坚战的前线指挥部。

加强扶贫系统工作职能。在市级部门"三定"工作中，对与脱贫攻坚联系紧密的规划自然资源、农业农村、住房城乡建设、生态环境等部门，进一步优化职能职责、理顺体制机制、强化机构设置。在区县"三定"工作中，指导区县进一步细化明确扶贫开发办公室或农业农村部门（挂扶贫开发办公室牌子）的职能职责，强化扶贫开发机构的项目管理、社会扶贫、产业扶贫、科技扶贫等职能。各区县进一步完善扶贫开发机构设置，其中18个扶贫开发工作重点区县单设扶贫开发办公室，15个扶贫开发工作非重点区县在农业农村部门挂扶贫开发办公室牌子，明确1—2个内设机构具体承担扶贫开发职责，现均已全部对外挂牌并开展工作。明确要求各区县单独设置扶贫开发办公室的，人员编制规模不缩减；挂牌设置扶贫开发办公室的，直接从事扶贫工作的人员不低于5名，确保扶贫开发机构人员力量配备与工作任务相适应，切实解决"小马拉大车"的问题。大力支持扶贫机构使用编制补充工作力量，对扶贫机构招录公务员和招聘专业技术人员，实行"特事特办、随到随办"，加快编制审批时间。进一步统筹优化编制资源，重点向农村教育、卫生、乡村旅游等与扶贫工作密切相关的领域投放，切实为加强脱贫攻坚工作力量提供编制保障。强化乡镇（街道）扶贫开发机构设置和职能配置，对扶贫任务重的部分乡镇，在限额内设置扶贫开发办公室，或设立特色产业发展服务中心、旅游发展服务中心等服务脱贫攻坚的事业单位，确保基层扶贫工作有机构承担、有人员干事。

"五级书记"访贫困促落实。强化各级党委和政府在脱贫攻坚和实施乡村振兴战略中的主体责任，推动各级书记齐抓共管，一级抓一级、层层抓落实，层层签订责任书、立下军令状，实行严格责任制，"五级书记"抓扶贫，把责任扛在肩上，把担当放在心上。实行一对一定点包干，各区县参照市级定点包干深度贫困乡镇脱贫攻坚的做法，对辖区内深度贫困乡镇或深度贫困村，由区县领导班子成员定点包干，形成"区县领导＋区县责任单位主要负责人＋相关乡镇党政正职＋第一书记＋村'两委'负责人"的工作体系，深化认识、深度发力，集中精力、集中火力，有针对性实施脱贫攻坚行动，确保如期整体脱贫，推动区域可持续发展。

明确工作督查重点。为了更好落实责任，重庆市出台《抓党建促脱贫攻坚工作督查重点》，明确抓落实的具体措施，把重点任务分解落实到相关部门。由市委组织部负责保持贫困区县党政正职稳定，相关区县党委组织部负责加大干部人才支持力度，市委组织部会同市扶贫办，对有脱贫攻坚任务的区县党政分管领导和市级部门分管领导进行全覆盖培训；相关区县党委组织部负责配齐配强贫困村党组织书记、派强用好第一书记、持续整顿贫困村软弱涣散党组织，充分发挥党员先锋模范作用、夯实基层党组织建设基础保障，发展壮大薄弱村空壳村[1]集体经济，深入教育宣传和组织发动群众、充分调动贫困地区干部积极性，以真抓实干作风推动工作落实。

"三级检查"压实驻村帮扶责任。采取驻村工作队自查、乡镇全面检查、区县组织和扶贫部门抽查的方式，从严落实第一书记和驻村工作队员管理要求。重点督促1919个驻村工作队完善落实精准可行的2020年帮扶工作计划；加强驻村干部落实到岗签到、在岗抽查等制度情况的检查，督促驻村干部每月三分之二以上时间沉在

---

1. 空壳村，是指集体经济薄弱、财政亏空的村子。因为大量青壮年劳动力到城里"掘金"，农村出现了"空壳化"，留下老弱病残和妇孺。

乡村驻扎实干。围绕深入贯彻落实《中共中央 国务院关于打赢脱贫攻坚战的决定》和"三年行动指导意见",以及高质量实现年度脱贫目标,健全全市脱贫攻坚战三年行动和年度工作任务台账,逐一落实责任单位。相关区县和市级行业部门完善本级本部门脱贫攻坚三年行动计划,实化细化年度、季度工作任务,实现项目化、清单化、网格化管理。市委和各区县党委政府签订目标责任书,层层签订年度脱贫目标责任书、巩固脱贫成果责任书和扶贫系统党风廉政建设责任书,立下军令状,压紧夯实脱贫攻坚政治责任。建立目标对账制,市扶贫开发领导小组办公室实行每半月一调度,每季度对区县和市级行业部门脱贫攻坚工作进行对账检查,通报进展情况。贫困区县党政主要负责人向市委、市政府进行脱贫攻坚专项述职,市级行业部门向市委、市政府进行脱贫攻坚专项报告。

强化督查问责，
在任务落实上"钉钉子"

在抓党建促脱贫中，重庆市纪委监委从增强"四个意识"、落实"两个维护"的政治高度，深刻认识抓好脱贫攻坚和巡视整改的重大意义，把巡视整改与开展"不忘初心、牢记使命"主题教育、专项整治漠视侵害群众利益问题等工作紧密结合，集全员之力、攥紧拳头、综合施策，巡视整改取得明显成效。

重庆市以更严的纪律要求推动整改，发扬钉钉子精神，强化整改问责，力戒形式主义、官僚主义，切实做到责任不落实决不放过、整改不到位决不放过、问题不见底决不放过、群众不满意决不放过。强化目标导向，明确目标任务。坚持把抓脱贫攻坚作为对班子和干部分析研判、日常管理、考察考核必看必问必讲的内容，作为县乡村三级书记述职评议考核的重点内容，督促各级

万州区

干部切实把主体责任、第一责任扛在肩上。

完善考核机制，改进和完善考核方法、程序等，强化结果导向，让党建与脱贫攻坚、乡村振兴两手抓、两相促。加强对党建促脱贫攻坚、乡村振兴的督导与指导，既要及时发现先进典型并加以推广，又要坚决避免和纠正形式主义、官僚主义等问题。把推进脱贫攻坚作为日常监督检查的重中之重，2018年会同市扶贫办组成25个督查组开展驻乡驻村工作队和第一书记履职专项督查；2019年会同市纪委组成23个督查组，会同市扶贫办组建16个督查组，对有扶贫开发任务的33个区县和相关市级部门开展脱贫攻坚督查巡查。同时，2017年7月以来结合基层党建调研督查，8次派出工作组督促推动脱贫攻坚工作。

坚持问题导向，深化扶贫领域腐败和作风问题专项治理。一是开展扶贫领域腐败和作风问题专项治理"回头看"。针对巡视整改指出的"对扶贫领域腐败和作风问题未得到遏制，从体制机制上加以研究还不够深入"等问题，全市纪检监察机关通过看思想、看学习、看措施、看整改、看效果、看作风，反思前期工作。二是精准查处问责。全市查处扶贫领域腐败和作风问题1831件、2674人，给予党纪政务处分435人，移送检察机关审查起诉34人。三是以点带面集中整治突出问题。坚持从典型案例中发现普遍性问题，督促主责部门举一反三开展社会经济组织骗取扶贫财政补贴、惠民惠农资金"一卡通"及贫困区县义务教育学生营养改善计划、贫困人口基本医疗保障、农村危旧房改造补贴等"两不愁三保障"方面突出问题集中整治。四是强化区县纪委监委主力军作用。针对巡视整改指出的"一些区县纪委监委责任心不强"等问题，印发加强扶贫领域腐败案件审查调查的意见，开展扶贫领域监督执纪问责制度落实专项督查，组织纪检监察干部扶贫领域监督执纪问责专项培训，强化考核，完善专项治理工作例会制度。五是坚持"三不"一体推进[1]。深入开展"以案四说""以案四改",通过监察建议等方式,督促职能部门对普遍存在问题建章立制。

强化日常监督,推进巡视反馈问题深入整改。一是把巡视整改情况纳入巡视巡察重要内容。五届重庆市委第四轮和第五轮巡视对 46 个单位整改情况进行了巡视。二是逐笔对账进展情况。对巡视反馈问题建立工作台账,定期与有关责任部门逐一对账、完善档案资料并及时上传巡视整改工作信息平台,发现问题及时提出建议并加强跟踪督促。三是组织专项督查。会同市扶贫办等部门组成 23 个督查组开展集中督查。四是开展暗访随访。对国家脱贫攻坚成效考核、市纪委监委集中督查等发现的问题进行归类梳理,列出问题清单跟踪督改问效。2017 年 11 月 18 日至 22 日,市纪委监委组成 10 个督导组,对市教委、市卫生计生委等单位巡视整改情况进行了集中督导。

---

1. "三不"一体推进,是指一体推进不敢腐、不能腐、不想腐,这不仅是反腐败斗争的基本方针,也是新时代全面从严治党的重要方略。

发挥集团优势，
在力量整合上"聚能量"

重庆依托扶贫集团的高位推动，解决深度扶贫的组织优势正在不断释放出强大能量。在扶贫集团的牵头组织协调下，以前不少困扰基层扶贫、发展的"老大难"问题，逐步得到破解。重庆派遣精兵强将，每个深度贫困乡镇由一名市领导担任脱贫攻坚指挥长，对脱贫攻坚负总责。市级机关事业单位、国有企业组建18个扶贫集团，直接帮扶深度贫困地区，精准发力拔穷根。在扶深贫的过程中，扶贫集团充分发挥组织优势、行业优势，集聚资源、主动作为，在脱贫攻坚最前沿地带扎下根来，"一级做给一级看，一级带着一级干"，已经成为重庆攻坚深度贫困、构建大扶贫格局的关键力量。

为集中市级力量精准发力，重庆市出台了《关于进一步做好市级扶贫集团参与扶贫攻坚工作的通知》（渝组办发〔2015〕23号），市委机构编制部门在全力推进机构改革的同时，以脱贫攻坚为重点，进一步充实市级扶贫部门工作力量，充分发挥市级扶贫集团在脱贫攻坚中的突出优势和积极作用，进一步明确责任、细化措施、强化考核、加强督导，确保在既定时间节点打赢脱贫攻坚战。重庆市委、市政府从2015年起，对市级扶贫集团成员单位与对口帮扶区县进行捆绑考核、一票否决制。各市级扶贫集团牵头单位每季度要对各成员单位开展对口帮扶工作进展情况进行检查督导，形成专报，报送牵头单位主要领导、联系市领导审签后，在本集团成员单位和对口帮扶区县范围内进行通报，并将通报材料抄送市扶贫开发领导小组办公室。各市级扶贫集团牵头单位建立健全了联席会议磋商制度、项目申报验收制度、工作情况通报制度，确保集团对口帮扶工作有力、有序、有效。根据工作任务分工，逐级签订对口帮扶工作责任书。各市级扶贫集团与结对区县、各成员单位与结对村分别签订对口帮扶工作责任书，落实领导专司其职，明确专兼职联络员，负责检查、协调和督导工作，确保帮扶对象、目标任务、帮扶责任精准。

第三章·推动党的组织优势转化为扶贫优势

抓党建促脱贫攻坚，要抓住党组织这个关键。陈敏尔强调，打赢脱贫攻坚战，要把基层党组织建设好，以提升组织力为重点，强化政治功能，把基层党组织建设成为带领群众脱贫致富的坚强战斗堡垒。党的十九大以来，重庆市把抓党建促脱贫攻坚作为组织路线服务政治路线的重要任务，聚焦脱贫攻坚抓基层强基础，为夺取脱贫攻坚全面胜利提供了坚强组织保障。

全面提升组织力以突出政治功能

第三章·推动党的组织优势转化为扶贫优势

　　农村基层是打赢脱贫攻坚战的前沿阵地。基层党组织是我们党在基层阵地上的堡垒，堡垒强则阵地坚，堡垒弱则阵地失。切实加强贫困地区农村基层党组织建设，使其成为带领群众脱贫致富的坚强战斗堡垒，对打赢脱贫攻坚战至关重要。习近平总书记强调："基础不牢，地动山摇。农村工作千头万绪，抓好农村基层组织建设是关键。无论农村社会结构如何变化，无论各类经济社会组织如何发育成长，农村基层党组织的领导地位不能动摇、战斗堡垒作用不能削弱。"[1] 强化基层基础，既是推进国家治理体系和治理能力现代化的题中之义，也是夯实党的执政基础、巩固基层政权的必然要求。

　　重庆市委在抓党建促脱贫攻坚中，牢牢抓住提升组

---

1. 习近平总书记在中央农村工作会议上的讲话，2013年12月23日。

织力这个重点，推动以组织振兴促进乡村全面振兴。在各类基层组织中，党组织是核心；加强基层组织建设，重点是加强基层党组织建设；基层党组织凝聚力、战斗力强了，就能把党的力量、党的主张传递到"末梢神经"，就能协调带动各类基层组织实现功能互补、良性互动。通过抓实基层基础，重庆市党的组织力得到明显增强。

2020年，重庆市出台了《重庆市推进乡村组织振兴重点措施》，着力健全乡村组织体系、建强乡村各种组织、完善工作制度，各级党委充分发挥乡镇党委的"龙头"作用、村党组织的战斗堡垒作用、村民自治组织和村务监督组织的基础作用、集体经济组织和农民合作组织的纽带作用、群团组织的助手作用、其他经济社会组织的补充作用，切实把党员组织起来、把人才凝聚起来、把群众动员起来，推进脱贫攻坚与乡村振兴有机衔接，以乡村组织振兴推动新时代乡村全面振兴。重庆市委组织部指导7个区先行试验示范，在3个区县、18个乡镇、18个村开展脱贫攻坚与乡村振兴衔接试点，召开观摩学习现场会，梳理有效做法，总结推介经验，形成推进乡村组织振兴15条重点措施。

大力推进"五个基本"建设。突出强化政治功能，持续加强基本队伍、基本活动、基本阵地、基本制度、基本保障建设，不断提高村党支部标准化规范化水平。

巩固拓展"不忘初心、牢记使命"主题教育成果，建立和落实不忘初心、牢记使命的制度。全面规范落实"三会一课"、支部主题党日、组织生活会、民主评议党员等组织生活制度，不断增强针对性有效性。根据需要推动村便民服务中心提档升级，增强综合功能，坚持落实村干部"一人多岗、轮流值班"、上门服务、民事代办等制度，提高服务能力和服务水平。建立村级各类组织向党组织报告工作制度，村党组织定期听取相关工作汇报，切实把各类组织和各项工作领起来、统起来。

大力推进农村基层党建"整乡推进、整县提升"示范创建。从严从实制定乡镇、村党建工作基本标准和示范创建条件，组织各乡镇、村党组织逐项对照检视、逐一解决薄弱环节和短板问题。动态推进"规范村""示范村"和"规范乡镇""示范乡镇"晋位升级，推动全面进步全面过硬，力争到 2022 年，每个区县的示范村和示范乡镇达到三分之一左右，全部乡镇、村都达到基本规范并不断提升基层党建工作水平。

典型案例一：先进基层党组织的"议、联、带"

重庆市城口县东安镇兴田村，以"议、联、带"为载体，务实开展党建助推脱贫攻坚行动，引领微企抱团发展，积极探索党建助推脱贫攻坚新路子。到 2019 年底，兴田村人均纯收入增长至1.7万元，在兴田村25户贫困户中，有17户贫困户开办了森林人家，户均增收3万元，贫困发生率下降至2.49%。城口县大巴山森林人家微型企业联合党支部被城口县委命名为"先进基层党组织"。

一是设立"党员议事日"，议出脱贫致富新思路。党支部设立"党员议事日"，搭建党员作用发挥平台，让党员把党支部建设与园区发展的事情当作自己的事情来办，确保每名党员积极参与、积极出主意、积极发挥先锋模范作用。建立工作制度，固定议事时间、内容、程序，明确每月最后一周第一天为"党员议事日"。会前，围绕党支部工作、景区发展、孵化园建设、企业经营管理、脱贫攻坚等内容，在充分征集党员、经营户、群众意见的基础上，结合党支部年度工作任务，提出具体议定事项；会后，党支部按照规定程序，将决议的事项在党务公开中予以公示，第一时间向党员、群众通报，并将落实情况在下一次"党员议事日"上向党员报告，年终表彰和奖励"金点子"。

二是实行"走访联系"，联出脱贫致富新举措。为确保"党员议事日"发挥实效，按照党员分布情况，党支部将39名党员按照兴隆、仁河、正河、兴田4个片区，设4个党小组，由党支部委员任组长，负责联系片区党员，每年走访4次以上；党员联系片区所有大巴山森林人家微型企业经营户，做到每季度联系走访1次以上，听取意见、宣传政策、帮扶经营、调解纠纷、监督诚信守法经营。每名党员详细填写《党员走访联系簿》，收集党员、群众意见并做好记录。能立即协调解决的，及时协调解决，不能立即解决的提交"党员议事日"，由党支部按照党员职责分工和经营特长，将工作内容、措施、完成时限落实到具体人员，采取一带一、结对子等方式，解决实际困难、问题，支部党员主动帮助经营困难户分析、找准问题，鼓励重装升级、提升档次，帮助筹措资金。

三是实施"结对帮带"，带出脱贫致富新途径。党支部始终盯准脱贫致富目标，集中解决党员创业能力不足、带领能力不强、带动效果不显等问题，力求实现整村脱贫致富。党支部立足服务创业、服务微企，紧扣党员实际需求，组织党员带头寻找致富项目、提高服务技能、拓展致富产业，促进党员抱团发展。带头寻找致富项目，积极争取工商、建设、扶贫、商务等部门支持，通过党员问计、项目推荐、争取政策扶持等，引导党员创办大巴山森林人家微型企业。开展"4321"结对帮扶，党支部委员分别帮扶4户贫困户，骨干党员帮扶3户贫困户，普通党员帮扶2户贫困户，引导骨干经营户帮扶1户贫困户，并结合产业帮扶、劳务帮扶、技能帮扶、社会帮扶等四大类21项具体帮扶任务，落实项目规划，解决就业、志愿服务、爱心捐赠等，全方位帮助、带动困难群众。在农家乐蔬菜、肉类的采购上，重点照顾贫困户，增强其"造血能力"。针对部分贫困户不具备创业条件的实际，党支部探索股份化投入的方式，降低创业门槛和成本。

持续整顿软弱涣散村党组织

在脱贫攻坚中,基层组织软弱涣散是制约发展的关键因素。对软弱涣散村党组织,着力解决党组织班子配备不齐、党组织书记空缺或不胜任,村级管理混乱、矛盾纠纷集中,宗族势力干扰村务、黑恶势力活动猖獗,以及基层干部不作为、乱作为等损害群众利益问题。为此,重庆市开展脱贫攻坚一线力量保障研判提升,"全面排查"推进软弱涣散村党组织整顿转化。通过持续整顿软弱涣散村党组织,不断增加先进支部、提升中间支部、整顿后进支部。

重庆市组织区县领导干部带队逐村分析,排查确定整顿对象 2018 年 998 个、2019 年 1291 个、2020 年

1031个，落实"四个一"措施[1]，"一村一策"包点整顿，村党组织政治功能和组织力明显增强。以区县为单位，对村级班子运行情况特别是村党组织书记履职情况开展全面研判，对确定整顿对象制定"一村一策"整顿方案。压紧靠实区县领导班子成员联村、乡镇领导班子成员包村、第一书记驻村、区县以上单位结对整改责任，做到整改不到位，工作不脱钩。

典型案例二：用足绣花功夫整顿软弱涣散

自2017年10月至2020年底，重庆市荣昌区通过大走访、村级班子回访调研，深入摸排各村情况，找出43个党组织作用发挥不充分、战斗力不强、带富能力差的软弱涣散党组织。党的十九大以来，全区先后有43个村级软弱涣散党组织从后进变为先进，960余名村干部中大专及以上文化程度比例从41.3%提升至52.8%，干部结构更加优化。153个村级党组织建立集体经济组织180余个，发展集体经济项目230余个，帮助6843户脱贫户增收，贫困率从0.4%降至0.07%，脱贫攻坚更有成效。

一是精准摸排研判，把软弱涣散党组织找出来。通过"十指连心"大走访、村级班子回访研判，深入摸排

---

1. "四个一"措施，即为每个软弱涣散村党组织落实一名县级领导联系该村、乡镇党政主要领导包一个村、县（市）直属单位结对帮扶一个村、第一书记驻守一个村。

各村问题情况，切实找准软弱涣散整顿对象。每年开展1次"十指连心"大走访，由21名区领导带领71个区级部门、21个镇街的3270名机关干部，走遍153个村（社区）、1492个组，就村班子建设、脱贫攻坚、村集体经济发展等情况进行排查，找准村党组织存在的突出问题，提出整顿对象和工作建议。区委组织部成立7个联系组，与镇街领导班子成员、驻村干部等一道，对整软建议对象进行深入"解剖"，把病根挖得更深更准，把措施研得更细更实。区委组织部联合纪检、统战、政法、民政、信访等部门会诊，"一支一策"制订整顿方案，列出问题、任务、责任"三张清单"，由区委常委会会议

荣昌区

荣昌区

研究确定，确保"一把钥匙开一把锁"。针对班子不齐、基础设施落后、脱贫攻坚成效不明显等问题，分别将组织、扶贫、交通水利等部门资源调配给相应整顿对象。如市级挂牌督战村玉峰村存在班子不强、产业薄弱等问题，由区委组织部、区农业农村委、"在村头"电商公司定向帮扶，制定了调整村书记、发展油牡丹产业等12条措施。

二是实施分类整顿，把存在的薄弱短板补起来。针对软弱涣散产生的根源，从选优配强干部、壮大村集体经济等着手，切实补齐短板、打牢基础。例如，围绕解决带富能力弱的问题，实施农村带头人队伍整体优化提升行动，开展"大练兵大比武"竞赛，2018—2020年调整52名村党组织书记、141名专职干部，建强农村"领头雁"。每年以10%左右涨幅提高村干部补贴，出台村集体经济组织收益分配办法，拿出部分收益奖励参与管理的村干部，激发干事创业热情。选派42名驻村第一书记和工作队员、回引206名农村本土人才、储备288名后备干部，为高质量打赢脱贫攻坚战提供干部保障。

三是压实工作责任，把基层党组织组织力提起来。从严把好"四个关口"[1]，压紧各级责任，推动整改工作取得实效，不断减少后进党组织存量，增加先进党组织数量。为确保整改措施不仅写在"纸上"，更要落在"地上"，定期收集整改进度。联合纪检、巡查等部门，对整改情况进行督查，传导工作压力。针对产业发展、基础设施建设等整顿措施落地时间较长的问题，为防止整顿工作"虎头蛇尾"，区委组织部坚持"不结束、不脱钩、不销号"的"三不原则"，持续推动全部整改措施落实兑现，确保"整改一个、转化一个、提升一个"。

---

1. "四个关口"，即大局关、时间关、责任关和主体关。

切实加大基层基础投入保障

面对繁重的脱贫攻坚任务,基层干部普遍面临待遇相对较低、办公条件差、职业发展有瓶颈、任务压力较大等问题。如果不解决基层干部动力和能力问题,就会影响干部干事的积极性。在脱贫攻坚中,习近平总书记特别要求,各级党委要重视基层、关心基层、支持基层、加强基层,赋予基层相应权力,既要给基层下达"过河"的任务,又要帮助基层解决"桥"和"船"的问题,并在人力、物力、财力上向基层适当倾斜,形成人往基层走、钱往基层投、事在基层办的鲜明导向。

重庆市认真落实习近平总书记关于完善村级组织运转经费保障机制等重要指示精神,切实加大基层基础投入保障力度,有力推动村(社区)组织高效运转。首先,提升补贴标准,实行动态增长。对村、社区书记(主任),分别按不低于本区县上年度农村居民人均可支配收入的

2倍、城镇常住居民人均可支配收入的1.2倍核定基本补贴，建立动态增长机制；对其他专职干部，按书记（主任）基本补贴标准的80%予以落实。全市村、社区书记（主任）每月固定补贴由2016年的平均1490元、2154元，分别提高到2020年的2760元、3800元（最高的村4583元、社区5500元），增幅分别达85%、76%。同时，督促指导各区县通过开展绩效考核、设置集体经济奖励等方式，健全村（社区）干部待遇保障体系，村（社区）干部普遍感到工作有实惠、付出有价值。

其次，落实养老保险，解决后顾之忧。大幅提高村（社区）干部参加社会保险缴费补助标准，全面落实正常离任村（社区）干部生活补贴，并鼓励区县为村干部办理城镇企业职工养老保险、购买人身意外伤害保险，着力编织全方位保障网络。村干部在职期间自愿参加城镇企业职工养老保险的，补助标准由各区县根据实际和有关规定确定；参加城乡居民养老保险的，补助标准由每年900元提高到不低于3000元。社区干部参加城镇企业职工基本养老、医疗、失业、工伤、生育保险，单位缴纳部分均由区县财政补助，让村（社区）干部心无旁骛干事创业。

最后，充实工作经费，确保正常运转。将村（社区）办公经费最低补助标准由每年1万元、1.5万元分别提高到2万元、3万元以上，目前最高的村（社区）分别达5

万元、20万元。同时，将服务群众专项经费由每年每村（社区）1万元提高到主城区各村（社区）不低于5万元、其他村（社区）不低于2万元，目前最高的村（社区）每年分别达20万元、30万元，为村（社区）组织正常、高效运转提供了有力保障。

增强集体经济"造血"功能

发展壮大村级集体经济是增强村集体凝聚力、向心力和增加农民收入的重要途径，扶贫就是要注意增强乡村两级集体经济实力。乡村集体经济实力薄弱是基层工作活力不足的症结所在。党的农村基层组织应当加强对经济工作的领导，壮大发展集体经济，带领群众共同富裕，持续增加农民收入，不断满足群众对美好生活的需要。

重庆市抓党建促脱贫，把发展壮大集体经济作为抓党建促脱贫攻坚工作的重点工作。各区县把发展壮大村级集体经济作为基层党组织一项重大而紧迫的任务来抓。重庆市农委牵头研究制定了《重庆市农业农村委员会中共重庆市委组织部印发〈关于发展壮大村级集体经济的指导意见〉的通知》(渝农发［2019］85号)，市、县党委组织部会同农业、财政等部门积极

荣昌区

推进。积极探索基层党组织领导下的村级集体经济发展新机制，有效发展壮大村级集体经济。以巩固农村基本经营制度为前提，以加强基层党组织建设为引领，以完善产权制度和要素市场化配置为重点，聚焦盘活资源资产、统一经营和股份合作等关键环节，促进村级集体经济健康发展。

重庆市两轮编发典型案例150个，建立市级相关部门沟通联系和定期调度机制，督促区县编制和落实规划，逐村指导、逐镇调度、逐年推进，并强化对中央财政资金扶持的910个村的跟踪指导，示范带动村级集体经济发展提质提速。各区县千方百计加大扶持力度，市委组织部将补交党费的1800万元支持6个革命老区贫困区县的60个空壳村发展集体经济，全市贫困村党组织共创办合作社1769个。2019年，有集体经营性收入的村和涉农社区7258个、占79.4%，比2017年提高约40个百分点。

以区县为单位科学制定村级集体经济发展规划，区县委书记亲自谋划、检查督促。在驻村分析研究基础上，重庆各区县制定发展村级集体经济的实施方案，统筹整合资源力量，加大对村级集体经济项目扶持力度。乡镇领导班子成员挂点帮扶，具体指导，一起谋划。村党组织发挥组织优势、带领党员群众，因地制宜抓好落实。村党组织把党员、群众和各方面力量组织起来，建立利益联结机制，因地制宜发展壮大集体经济，基本实现了村村都有稳定的集体经济收入。

重庆市把薄弱村空壳村作为发展村级新型集体经济的重点扶持对象，统筹整合政策、项目、资金、人才等资源，加大支持流动。相关区县党委组织部把支持革命老区空壳村发展壮大村级集体经济资金拨付到村，并制定具体使用方案，抓好组织实施。同时，加强对资金使用的日常监督，防止挤占挪用。自2016年开始发展村级集体经济以来，截至2020年5月底，重庆市村级集体经济试点范围已由16个区县扩大到38个涉农区县，试点村增加到4594个，受益人口超过900万人。截至2019年底，全市财政已累计投入以奖代补资金22.5亿元，对土地流转、零散土地整治、发展为农服务和物业经营等进行补助。重庆市在2020年将空壳村的比例下降到15%以内，2022年将基本消除村级集体经济空壳村。

典型案例三：党建引领村级集体经济"破壳"重生

重庆市彭水苗族土家族自治县296个村（社区）是典型的空壳村，面临无资源、无资金、无产业的难题。为此，彭水发挥党建引领作用，加强农村集体经济组织资金、资产、资源管理，通过资源有效利用、资产量化确权入股，提供社会服务、开展租赁业务、发展混合经营，地票收益分成、林权权益让渡等方式，全县村级集

彭水县

体经济"破壳"重生。彭水出台 2020 年村级集体经济发展专项行动方案。方案提出，到 2020 年底，全县 296 个村（社区）除去不具备条件的以外，全面消除集体经济空壳村。

一是全面完成农村集体产权制度改革。有经营性资产的村集体，将经营性资产以股份或份额形式量化到集体经济组织成员；没有经营性资产的村集体，合理确认集体经济组织成员身份并将股权比例量化到成员。

彭水县

二是持续深入开展农村"三变"改革[1]试点。持续深入推进善感乡周家寨村、诸佛乡庙池村、大垭乡大垭村、三义乡五丰村"三变"改革试点，不断总结改革试点经验。持续开展深化农村"三变"改革试点扩面，优先安排具备条件的贫困村开展"三变"改革试点。

三是支持多元化发展集体经济。通过产业带动、资源开发、服务创收、租赁经营、项目拉动等模式，发展壮大集体经济。公益性社会化服务组织要强化对村集体经济发展的支持和服务。鼓励贫困村引入城市工商资本和各类新型农业经营主体发展股份混合经营。如今的彭水，空壳村逐渐消失。彭水因地制宜多元化发展产业，全县村级集体经济发展态势良好。目前，村级党组织引领成立村级集体经济组织260多个。

---

1. 农村"三变"改革，即农村资源变资产、资金变股金、农民变股东的改革。

第四章·抓好执政骨干和人才队伍建设

打赢脱贫攻坚战，必须要聚焦人这一关键因素。党管干部、党管人才是中国贫困治理的独特优势。打攻坚战关键在人，在人的观念、能力、干劲。光有思路和部署，没有优秀的人来干，那也难以成事。近年来，重庆市通过加强与脱贫攻坚相适应的干部队伍建设、人才队伍建设、党员队伍建设，通过选干部配班子、抓队伍聚人才、优化党员质量、强化驻村帮扶，为打赢脱贫攻坚战提供了人力支撑，充实了扶贫工作的力量。

选干部配班子，发挥钢筋铁骨作用

致富不致富，关键看干部。各级干部特别是基层一线干部特别重要。在脱贫攻坚战场上，基层干部在宣讲扶贫政策、整合扶贫资源、分配扶贫资金、推动扶贫项目落实等方面具有关键作用。要应变局、育新机、开新局、谋复兴，关键是要把党的各级领导班子和干部队伍建设好、建设强。为此，重庆市坚持党管干部原则，坚持正确用人导向，严格标准选人用人，大力培养选拔优秀年轻干部，全面提升干部能力素质。

一、建强区县领导班子，提升脱贫攻坚"统揽力"

重庆市坚持把最优秀、最合适的干部调配到贫困区县领导班子，提升脱贫攻坚"统揽力"。为了配强贫困区县领导班子，重庆市坚持在脱贫攻坚一线考察识别干部，2017—2019年来先后2次调研14个贫困区县领导班子，有针对性地选派66名干部充实到国贫区县班子，切实把区县领导班子建成带领群众脱贫攻坚的坚强领导集体。对抓脱贫攻坚工作中存在精神状态不到位、责任心不强、工作不实、规矩意识淡薄、不作为等的干部进行约谈，对脱贫攻坚履职不到位的市管干部作出严肃处理。

保持贫困区县党政正职稳定。坚决落实"四个不摘"，严格执行"贫困县党政正职要继续保持稳定和党政领导班子分管负责同志分工也要保持稳定"的要求，14个国贫区县党政正职，除因工作需要，对万州、开州、武隆、秀山等4个国贫区县5名党政正职，经请示中组部同意调整补充外，其余均保持稳定；严肃分工调整报备纪律，保持14个国贫区县分管负责同志分工稳定。

充实脱贫攻坚领导力量。贫困区县扶贫开发领导小组实行区县委书记和区县长双组长制，把脱贫攻坚作为头等大事和第一民生工程来抓，更加注重担当，更加注重精准，更加注重实效。区县领导班子成员定点包干深度贫困乡镇或深度贫困村，形成"区县领导＋区县责任单位主要负责人＋相关乡镇党政正职＋第一书记＋村'两委'负责人"工作体系，有针对性地实施脱贫攻坚行动。

市扶贫开发领导小组各成员单位、各区县抽调专人，充实市扶贫开发领导小组办公室力量，落实专人专责。选优配强区县、乡镇扶贫干部队伍，落实行业部门扶贫专干。保持贫困区县党政正职相对稳定，配强乡镇领导班子，选好村"两委"班子。将未脱贫贫困村全部纳入后进基层党组织，县乡两级领导包点整顿。完善驻村帮扶工作机制，对工作不适应的及时予以召回调整。建立村级后备力量队伍，为每村培养 1—2 名后备力量。将抓党建促脱贫攻坚作为区县和乡镇党委书记抓基层党建工作述职评议考核的重点内容。健全扶贫干部关怀激励机制，注重提拔使用在脱贫攻坚中工作出色、表现优秀的扶贫干部、基层干部。树牢注重脱贫攻坚一线的选人用人导向，各区县提拔重用优秀扶贫干部 4161 人。[1]

二、深化乡镇领导班子建设，充实乡镇工作力量

重庆市着力选优配强班子。注重把政治素质高、工作能力强、熟悉"三农"工作的干部选配进乡镇班子，努力做到越是边远贫困的乡镇选配的班子越得力。坚持择优选配，把懂农业、爱农民、爱农村作为前置条件，精心选配经过重大考验、能够驾驭全局、民主作风好、

---

[1] 重庆市扶贫开发领导小组关于印发《2019 年全市脱贫攻坚工作要点》的通知（渝扶组发〔2019〕1 号）

善于抓班子带队伍、敢于担当、廉洁自律的优秀干部担任贫困乡镇党政正职,切实把最能啃"硬骨头"的干部安排到脱贫一线。

保持乡镇干部队伍相对稳定。按照《关于进一步做好保持贫困地区党政正职稳定工作的通知》要求,从严审核国贫区县乡镇党政正职和分管脱贫攻坚工作副职调整事项,2018—2020年累计审核28件、100人,其中不予同意或暂缓6件、28人。督促指导各区县党委组织部每年全覆盖研判乡镇领导班子,市委组织部2次对18个深度贫困乡镇领导班子进行综合分析研判,督促及时调整不胜任不适宜的国贫区县乡镇党政正职。充实贫困乡镇力量,针对个别贫困乡镇空编、空岗较多的问题,在公务员招录中允许贫困乡镇足额申报、及时补充;大力推动选调生到贫困乡镇工作,严格执行新录用公务员和事业单位人员最低服务期限要求,从严规范从乡镇借调人员的要求。

充实乡镇工作力量。有针对性地选配政治素质高、工作能力强、熟悉"三农"工作的干部担任贫困乡镇主要领导。2012年至2017年,五年来调整3500多个贫困乡镇党委书记,选拔1.4万名"老乡镇"、专业技术干部进入贫困乡镇领导班子。推动职数向贫困乡镇倾斜,对127个脱贫攻坚任务重的乡镇,增配1名领导职数。加大干部充实基层力度,2018—2020年累计选派基层紧缺急需、综合素质好、组织协调能力强、有培养潜力的289名干部到贫困县乡挂职；新招录选调生1897名，全部安排到基层锻炼不少于2年；贫困区县从大学生村官、"三支一扶"人员中共定向招录2056人。实行单设职位招考、不设开考比例等政策降低贫困地区进人门槛，共招录乡镇公务员960人、事业单位人员5210人。健全乡镇领导班子成员分片包村、入户走访、在村服务制度，每人包点联系1个脱贫攻坚重点难点村民小组、结对帮扶至少2户特别困难的贫困户，推动乡镇工作重心下沉到村。

典型案例一：幸福就在"岚天"下

2019年6月25日，城口县岚天乡人民政府被授予全国"人民满意的公务员集体"称号。岚天乡地处大巴山自然保护区核心区域，属典型的高山区、深山区和石山区，素有"九分山水一分地"之称。面对恶劣的自然条件、薄弱的产业基础，当地政府何以做到让人民满意？或许答案正如岚天乡迎客大门处的景观石上所写，"跨进岚天门　就是一家人"，岚天乡人民政府用情架起干群连心桥，共筑幸福发展的康庄大道。

处在大巴山自然保护区的岚天乡，总体森林覆盖率高达92.9%，自然资源极为丰富。岚天乡政府深知，绿水青山就是金山银山，并把发展生态经济作为岚天乡的制胜法宝。为此，岚天乡政府组织贫困群众担任生态护林员，既激发群众保护环境的主动性和积极性，又解决部分贫困群众的就业问题，目前已有46名护林员同乡政府签订了护林协议。同时，为大力整治岚溪河流域非法捕捞野生鱼以及倾倒垃圾的问题，岚天乡政府在岚溪河十多公里的流域内安装了摄像头，并组织群众担任渔政管护员，通过"人防+机防"保护岚溪河的资源和环境。

截至2020年上半年，岚天乡回引各类返乡能人40余人，创办38个实体经济项目，撬动社会资本近1.2亿元，带动群众户均增收4000元。除了引进能人，岚天乡

城口县

政府还进一步利用自然优势，打造乡村旅游。岚天乡处于南北气候过渡带，年平均气温 13 摄氏度，夏无酷暑，冬无严寒，四季和煦，是极佳的避暑疗养胜地。从 2009 年起，岚天乡便开始着力培育大巴山森林人家，发力乡村旅游。

把想干事的"扶起来"，岚天乡政府干部常挂在嘴边的一句话是，"有餐厅的做餐饮，有客房的做民宿，有手艺的做纪念品，能说会道的做服务，能唱会跳的做表演"；把能力弱的"带起来"，岚天乡以"村集体 + 市场主体 + 农户"合股联营民房变民宿等 15 个项目，全面解决空壳村问题，集体经济组织年收入超过 50 万元，户均增收 1500 元；把有想法的"用"起来，建立"党支部 + 村集体 + 农村电商 + 农户"经营模式，引导年轻党员发展电商，与群众签订购销合同，带动 60% 的贫困户，年销售额达 150 余万元。

三、持续优化提升农村带头人，培养一批"领头雁"

火车跑得快，都靠车头带。村党组织书记队伍的素质直接决定着基层党建的质量。为此，重庆市制定实施农村带头人队伍整体优化提升行动方案，选优配强基层党组织书记，着力培养一批"领头雁""带头人"，全力

云阳县

打造思想政治素质好、道德品行好、带富能力强、协调能力强、遵纪守法、敢闯敢拼的带头人队伍，为打好精准脱贫攻坚战提供有力组织保证。

着力选好配强。督促指导区县党委组织部会同乡镇（街道）每年对村班子运行情况特别是村党组织书记履职情况进行全面研判，市委组织部于2018年直接对18个深贫乡镇及所辖167个村进行研判、2019年直接下沉到33个未脱贫村进行重点研判，找准症结、督促整改。各地采取从本村找、邻村调、外出人员中引、退休干部中请、机关派等方式，2018—2020年调整充实村党组织书记1427人。积极稳妥推行村书记、主任"一肩挑"，目前占39.9%。制定落实村（社区）干部及人选县级联审机制、村（社区）党组织书记区县党委组织部备案管理制度，督促指导区县对在任村干部及补充人选逐一"过筛子"，严把入口关，不断提高人选质量。村党组织书记队伍中，农村致富能手占54%，高中以上学历的占71%。

加强教育培养。对新任的村党组织书记，由乡镇领导班子成员"一对一"帮带，让他们迅速进入战斗状态。采取市级示范培训、区县集中轮训等方式，每年一次全覆盖轮训村党组织书记。2018—2020年市级示范培训27期、3035人次。先后两次从国贫区县选派240名村党组织书记到山东省基础较好的村实岗锻炼3个月，帮助开阔眼界、增强实战能力。大力回引农村本土人才，全市在村挂职本土人才9200多名、培养储备村级后备力量2.1万名。

严格管理监督。各地制定落实村党组织书记岗位目标考核办法，考核结果作为落实村党组织书记绩效考核奖励和其他激励措施的主要依据。完善落实村党组织书记述职评议考核制度。严格实行"四议两公开"，加强村级"三资"[1]管理，充分发挥村务监督委员会作用，深化"四务"公开，切实加强村内监督。

强化保障激励。建立落实"固定补贴＋社会保险补

---

1. "三资"，即资金、资产和资源。

助+绩效考核+集体经济收益奖励"的村干部待遇保障体系，实行动态增长。村党组织书记固定补贴从2016年平均每月1490元提高到2020年平均每月2760元，增幅85%。全市每年拿出100个左右指标，招录村党组织书记岗位的乡镇公务员，区县每年拿出一定名额面向优秀村干部招录乡镇事业编制人员。推荐一批村党组织书记作为先进典型，在重庆电视台"最美基层干部"等节目进行宣传；遴选6名扎根乡村干事创业的青年人才，组建"在希望的田野上"乡村振兴报告团，举办巡回报告会35场。

抓好换届工作。扎实开展2021年乡村两级换届工作专题调研和政策制定，指导各地做好思想准备、政策准备、工作准备、人选准备等，着力抓住换届契机进一步推动农村干部队伍建设。

典型案例二：宁愿少活十年，也要把产业搞成功

"宁愿少活十年，也要把产业搞成功。"这是万州区铁峰乡桐元村党支部书记谢家宽的脱贫誓言。桐元村是传统农业村，村民收入主要依赖传统种植业和畜牧业，全村504户、1826人，有贫困户115户。为了帮村里寻找合适的产业，谢家宽自费跑遍大半个中国，终于在四川省苍溪县相中红心猕猴桃。回村后，他白天挨家挨户"游说"村民，晚上在院坝集中宣讲，动员村民种植红心猕猴桃。功夫不负有心人，2007年谢家宽成功动员9户村民种植猕猴桃17亩，亩产值2万余元。看到种红心猕猴桃收入高，村民纷纷跟进，2019年全村猕猴桃种植面积达8000余亩。

"个人富了不算富，集体富了才算富"。在猕猴桃初见成效时，他又开始谋划发展壮大集体经济的路子。谢家宽在产业链上建立4个党支部，发挥党组织和党员发展产业的引领作用，探索"党组织＋集团公司＋基地（合作社、家庭农场）＋农户"的全链条发展新模式。经过谢家宽的努力，2019年桐元村集体资产达6500万元、村集体年均收入200余万元、村民年人均可支配收入1.45万元，闯出了一条以党建引领村级集体经济发展的乡村振兴之路。

聚人才建队伍，发挥人才领军作用

　　党管人才是抓党建促脱贫攻坚的重要制度优势。贫困地区最缺的是人才，打赢脱贫攻坚战，要吸引各类人才参与脱贫攻坚和农村发展。近年来，我们向贫困地区选派了大批干部和人才，但从长远看，无论怎么加强外部人才支持，派去的人总是有限的，关键还是要靠本地干部和人才。坚持聚焦打赢脱贫攻坚战育才聚才，加大贫困地区本土人才培养力度，积极破解贫困地区人才瓶颈，为打赢打好脱贫攻坚战提供人才支撑。

　　重庆市为认真贯彻落实习近平总书记关于"促进乡村本土人才回流，打造一支'不走的扶贫工作队'"重要指示精神，在深入调研基础上，将加强农村本土人才队伍建设作为长远之计和治本之策，指导各地大力回引本乡本土大中专毕业生回村挂职任职、创新创业，着力从源头上破解农村优秀青壮年人才外流、脱贫攻坚人才匮乏等突出问题。重庆市大力回引农村本土人才,大力发展年轻党员,打造一支留得住、能战斗、带不走的人才队伍,破解了人才瓶颈的制约,推动形成优秀人才向贫困地区流动集结的良好氛围。

针对农村人才匮乏、能人难选问题,重庆市制定印发《关于加强农村基层本土干部人才队伍建设的通知》,指导各地以镇街为单位定期对本乡本土大中专毕业生、外出务工经商人员等开展摸排,持续回引9200多名本土人才回村挂职任职,贫困区县共吸引5.5万余人返乡创业。按不低于本村专职干部标准,确定在村挂职本土人才的报酬待遇,支持返乡人才创办小微企业、领办合作经济组织、发展农村电商等,让更多人才在贫困地区留得下来、作用发挥得好。对培养成熟、表现突出、群众公认的在村挂职本土人才,及时推荐选拔进入村"两委"班子,指导各区县拿出一定指标面向符合条件的本土人才定向招录乡镇事业编制人员,其在村挂职时间计入村干部任职年限。这让乡村两级干部队伍建设有了源头活水。

强化政策支持。出台实施《关于鼓励引导人才向艰苦边远地区和基层一线流动的若干措施》《推进全市乡村人才振兴若干措施》,从人才引育、管理激励、服务保障等方面提出具体举措,促进人才向贫困地区流动集聚。整合出台重庆英才计划,设置乡村领军人才专项。

开展专家人才组团扶贫，整合全市专家人才资源组建45个专家服务团，深入贫困地区开展指导服务，助推脱贫攻坚。

抓好平台搭建。在2019重庆英才大会设置专场活动，市内外100余名农业科技专家人才共商脱贫攻坚，现场展示近100项农业技术成果，签约项目26个。深入实施"西部之光""三峡之光"访问学者项目，提高贫困地区人选比例，2017年7月以来，共选派"西部之光"访问学者59人、"三峡之光"访问学者375人。大力推动科技助力精准扶贫，累计为贫困区县选派科技特派员2690人次。

万州区

种下科技梧桐树 引得脱贫金凤凰

定期摸排底找准。以镇街为单位，定期对本乡本土大中专毕业生、外出务工经商人员等开展摸底调查，掌握基本情况，了解本人意愿。对年龄在35周岁以下、有意愿回乡创业发展的大中专毕业生，纳入本土人才管理；对在外创业的成功人士，年龄放宽到40周岁以下；对交通闭塞、基础设施落后、农民人均纯收入低于本区县平均水平的边远贫困村，学历放宽到中专（高中）。

大力回引培训。各区县组织发动基层党组织和党员干部，采取主动登门拜访、电话联络、座谈联谊、宣传创业政策等方式，打好"乡情牌"，"点对点"做好本乡本土大中专毕业生思想动员工作。对有意回乡发展的本土人才，各地普遍采取公开考试、考察等方式精心遴选。统一发布公告，统一审查资格，统一组织面试，对回引对象开展试岗和集中培训。

强化保障扶持。坚持激励约束并重，努力让本土人才在村下得去、稳得下。给基本待遇：按不低于本村专职干部标准，确定在村挂职本土人才的报酬待遇，建立动态增长机制。给创业扶持：打捆返乡创业、大学生创业和创办小微企业等优惠政策，支持返乡人才创办小微企业、领办合作经济组织、发展农村电商和集体经济等，推动干事创业。给发展出路：对培养成熟、表现突出、群众公认的本土人才，及时推荐选拔进入村"两委"或选聘为专职干部。

跟踪培养考核。加强培训，深入学习习近平新时代中国特色社会主义思想和党的十九大精神，强化脱贫攻坚方针政策、群众工作方法和产业发展、实用技术、农村电商、基层治理等方面知识的培训。加强帮带，对到村挂任村党组织书记（村委会主任）助理或其他综合服务岗位的本土人才，明确1名镇街党政班子成员联系帮带，让其参与村务管理，强化实践锻炼，提升工作能力，培育优良作风。加强管理，到村挂职的本土人才由镇街党（工）委负责日常管理考核，年度考核不合格、群众不认可的，不再安排挂职。本土人才回村后，弥补了村干部知识技能方面的不足，在脱贫攻坚中发挥了积极作用。

典型案例三：打造"永久牌"乡村人才队伍

脱贫攻坚，人才是关键，永川区面对这个难题，探索出一套自己的"人才攻略"——立足区情实际，念好"引、育、用、留"四字经，积极探索，大胆实践，着力打造一支懂农业、爱农村、爱农民的"永久牌"乡村人才队伍。截至2020年初，全区乡村人才总量达5.03万人，集聚高层次专家及团队100余个，认定民间乡土人才3300余名、新型职业农民6000余名。

专家指导，鼓励人才向乡村集聚。为了让更多的乡村人才愿意回归乡村，永川区坚持把乡村人力资本开发

第四章 · 抓好执政骨干和人才队伍建设

永川区

081

作为首要任务，广开引才聚智渠道，为乡村振兴提供智力支持。除了实施"农业专家下乡""科技特派员"等行动外，围绕农业产业发展，永川区农业农村委还与重庆大学、西南大学、重庆农科院、重庆文理学院等院校、科研院所建立合作关系，引导农业领域高层次人才深入田间地头，与农民、农业企业"结对子"，通过项目合作、现场指导、定期讲座等方式，帮助解决产业发展中的实际困难。

精准施策，培养新型职业农民。针对散落在田间地头的"土专家""田秀才"，永川区制定了"民间乡土人才评价认定标准"，在产业规模、技术水平、带动范围等方面量化打分，先后评价认定生产经营型、技能带动型、社会服务型民间乡土人才3300余人，通过定期开展技术指导、技能培训、技艺竞赛等方式，不断提高技术水平和带头致富、带领致富能力。根据新型职业农民不同特点和实际需求，永川区统筹农业院校、涉农院校、农业科研院所、社会职业培训机构等资源，通过"专业机构+社会资源+市场主体"的培训方式，着力培养新型职业农民队伍。

为人才在乡村创业"筑基搭台"。对接重庆市农科所和茶研所，开展茶产业、特色水果产业、特色豆类作物等农业技术和新型农作物研发与推广，共建一大批乡村人才合作平台。在培育"根基"搭建人才舞台的同时，永川区也在大力推进农业产业化，对乡村人才领办创办的农业产业化龙头企业、专业合作社、家庭农场等新型农业经营主体，在土地流转、项目补贴等方面予以优惠，为乡村人才长效发展夯实产业基础。为让人才扎根乡村、后顾无忧，永川区一直在开展人才服务提升行动，着力打造"近悦远来"人才生态示范区，鼓励乡村人才做大做强。进一步鼓励引导各方面优秀人才向乡村基层流动，让各类人才在乡村振兴的舞台上竞相迸发聪明才智，实现人生价值，切实为全市乡村人才振兴贡献"永川智慧"。

把党员组织起来，发挥先锋模范作用

党员的先锋模范作用影响着基层党建的质量，事关党的形象和执政基础的牢固。在脱贫攻坚中，重庆市注重从致富能手、青年农民、复员退伍军人、外出务工经商人员、返乡创业就业人员中发展党员，通过把党员培养成致富能手、把致富能手发展成党员，带领群众增收致富，充分发挥党员在脱贫攻坚、乡村振兴中的先锋模范作用。

按照中组部部署要求，为切实加强农村基层党组织建设、推动脱贫攻坚任务落实，重庆市委组织部将发展农村党员作为经常性重要工作并摆在突出位置来抓，从计划安排、源头培养、动态调控等方面入手，加大工作力度，强化推进落实，着力解决农村党员队伍结构老化、青黄不接等问题，为农村基层党组织不断注入新鲜血液，取得了明显成效。

2018年至2020年10月，全市新发展农村党员11614名，其中贫困村新发展党员2763名。组织各区县对发展农村党员工作进行认真分析研判，特别是对近两三年未发展党员的村，逐一摸清情况、分析原因，提出有针对性的对策措施。在此基础上，按照贫困村每2年、其他村每3年至少发展1名年轻党员的要求，制定《2018—2020年农村党员发展规划》，明确每个村发展党员的时间表，细化措施办法，落实工作责任，做到早规划、早安排、早着手。每年印发《全市发展党员指导性计划》，单列农村党员发展指标，督促指导各区县把发展党员指标"点对点"下达到村。2018年、2019年、2020年全市农村党员发展指标分别为4201名、4529名、4880名，分别占发展党员计划总数的12.5%、11.1%、12.7%。

抓实源头培养。针对农村青年外流、发展党员源头不足的问题，结合推进脱贫攻坚、乡村振兴，对本乡本土大中专毕业生、复员退伍军人、外出务工经商人员进行"点对点"动员，通过给待遇、给扶持、给出路，吸引他们回村任职、创业发展，全市回引在村挂职本土人才9200余名。着力从在家的村组干部、本土人才、到村任职高校毕业生、创业致富能手中确定一批重点对象，尤其注重在"80后""90后"优秀青年农民中"选苗育种"，采取党组织班子成员结对联系等方式，认真做好教育培养工作，建好农村党员发展"蓄水池"。加强对流动在外的入党积极分子的教育培养，明确1名村党组织班子成员和1名在同一流出地的流动党员进行结对帮带，采取"线上＋线下"的方式开展教育培养，做到教育培养不断线。

加强统筹调度。依托12371党务信息管理系统建立全市发展党员工作信息库，坚持网上大数据分析与网下调研督查相结合，对照各区县农村党员发展"三年规划"，每季一调度，全面分析各区县农村发展党员数量、结构等情况，通过实地检查、电话访谈等方式掌握农村发展党员真实情况，对存在计划完成进度慢等问题的区县及时督促提醒。把农村发展党员工作纳入基层党建调研督查内容，一竿子插到底，深入到村了解情况、指导工作，推动发展党员计划落地落实，着力提升发展党员工作质量。

提高发展质量。重庆市把习近平总书记关于扶贫工作重要论述、视察重庆重要讲话精神等纳入"不忘初心、牢记使命"主题教育，纳入支部主题党日学习内容，组织广大党员深入学习研讨，进一步深化思想认识、增强责任担当。推动贫困村每2年、非贫困村每3年至少发展1名年轻党员，2018—2020年全市贫困村共发展党员3616名，同时做好农村发展党员违规违纪问题排查整顿，提高发展党员质量。

为进一步发挥好党员先锋模范作用，重庆市支持党员创办领办致富项目6524个，激励广大党员在脱贫攻坚中当先锋、作示范。组织开展党员结对帮扶贫困户，带动贫困群众稳定脱贫、持续增收。坚持每年开展农村党员冬训，按照每个贫困村不少于2000元、其他村不少于1000元的标准予以经费支持，着力提升农村党员整体素质。此外，还要求有帮带能力的党员，每人至少结对帮扶1户贫困户。组织外出务工经商党员，及时为家乡提供信息、就业、农产品销售等服务。组织在村党员，通过设岗定责、承诺践行、志愿服务等方式，力所能及发挥作用。

典型案例四：组织党员建强堡垒聚合力

重庆市武隆区大元村幅员面积9.8平方公里，辖4个村民小组，466户1576人，2014年建档立卡贫困户92户276人、贫困发生率达17.5%。村党支部下设4个党小组，有党员40人。2014年前，大元村人心涣散、破败萧条，是有名的贫困村、后进村。2016年，大元村实现整村脱贫摘帽，这一切的进步都源于村党支部组织党员发挥先锋模范作用。

严肃"支部主题党日"活动。大元村党支部确定每月20日为组织生活日，把全村党员集中起来，开展党性教育，学习上级精神，同时开展党费收缴、党务公开、集体议事、志愿服务等活动，让原来"松松垮垮"的支

武隆区

部生活逐渐正常起来、严肃起来。2017年5月,按照区委部署安排,大元村党支部组织生活日调整规范为"支部主题党日"。

实行党员积分制管理。针对村里一些党员思想观念落后、党员意识淡薄问题,大元村党支部还探索实行党员积分制管理——建立党员日常表现和作用发挥积分台账,对党员日常参加组织生活、参与志愿服务、做好人好事、处理矛盾纠纷、开展政策宣传等实行正向积分,对党员不按要求参加组织生活、言行违背组织要求、先锋模范作用发挥不好等实行负向扣分。年终,根据积分

武隆区

进行排名并予以公示。积分情况还纳入党员民主评议，作为评定优秀党员、合格党员和不合格党员的重要依据。通过实行党员积分制管理，激发了党员队伍不甘人后、奋勇争先的主观能动性。在村党支部引领下，全村党员队伍攒起了一股劲、拧成了一股绳，积极投身脱贫攻坚、基础设施建设、人居环境整治等重点工作，涌现出了诸多优秀党员。

党员干部带头干在前。以前，大元村产业发展主要依靠传统种养殖业，且布局分散、规模总量小、效益收入低，成为阻挠脱贫攻坚推进的"拦路虎"。为此，2015

年以来，村党支部先后组织村组干部自费到区外、市外考察产业发展项目10余次，找准了适合本村发展的西瓜、二荆条辣椒和脆红李三个主导产业项目。项目有了，谁来做"第一个吃螃蟹的人"，群众都持观望态度。村党支部自然而然想到的是，让党员带头"吃"。村党支部多次组织召开党员大会，号召党员带头。村党支部又在第一书记和驻村工作队的帮助下，请来技术人员加强指导。2016年大元村人均可支配收入达到8656元，整村实现脱贫摘帽。

强化驻村帮扶，发挥生力军作用

第四章·抓好执政骨干和人才队伍建设

贫困村恰恰是脱贫攻坚最薄弱的一环。贫困村通常地理位置偏远，长期以来基础设施薄弱，仅靠本土的村级组织和干部队伍来完成脱贫攻坚。驻村帮扶队伍，是打赢脱贫攻坚战的生力军。重庆市着力把"最能打的人"派到脱贫攻坚一线，切实加强驻村干部管理，积极发挥驻村干部作用，推动14个国贫区县全部摘帽、1919个贫困村全部出列。全国驻村帮扶工作培训班在重庆举办，国务院扶贫办副主任夏更生指出，重庆市在推进驻村帮扶工作中，坚持精锐出战，始终把因村选人、制度管人、培训育人、实绩用人、保障留人作为重要抓手，在驻村帮扶提质增效、做实做细方面成效显著。

选优派强驻村干部。加大市级选派力度，共从226个市属单位选派驻乡驻村扶贫干部455名（其中厅级干部18名），做到市级选派对33个有扶贫开发任务的区县全覆盖。各区县选派精干力量担任贫困村第一书记和驻村工作队员,从区县及以上单位选派第一书记和驻村工作队员6542名,做到贫困村一村一队、派强派好,切实把"最能打的人"选派到贫困地区、用到脱贫一线。自2020年3月起,对贫困村第一书记和驻村工作队员实行"提级管理",对确因工作不胜任、健康原因不能正常履职、家庭有特殊困难等情形需要调整的,要求各区县各相关单位必须报市委组织部、市扶贫办审批,对调整后的空缺岗位,均严格条件补充到位。

从严加强管理监督。先后印发《关于加强贫困村驻村工作队选派管理工作的实施意见》《深度贫困乡(镇)驻乡驻村干部管理试行办法》《关于贯彻落实全国驻村帮扶工作培训班会议精神进一步做实做好驻村帮扶工作的通知》《国务院扶贫办关于关心基层扶贫干部保障安全工作的通知》《关于进一步加强扶贫干部队伍建设的通知》等文件,从选、育、管、用等方面建立起一套较为完备的制度,为做细做实全市驻村帮扶工作奠定了基础。市县两级组织、扶贫部门对本级选派第一书记和驻村工作队员实行备案管理,建立专门台账,切实抓到人头。

33个有扶贫开发任务区县建立驻村工作领导小组,定期召开驻村工作队队长会议,了解工作进展,交流工作经验,协调解决问题。驻村工作队定期向驻村工作领导小组报告思想、工作、学习情况。派出单位对选派干

永川区

部进行跟踪管理，定期听取汇报，经常到村指导，解决具体问题。督促指导驻村干部严格执行到岗签到、在岗抽查、调整召回等制度，促使他们每月三分之二以上时间吃在村、住在村、干在村，杜绝挂名驻村、"两头跑"等问题。指导各区县开展驻村工作队员和第一书记履职情况调研，调整召回不适宜不胜任不尽职帮扶干部256名，促使驻村干部驻村驻心、用情用力。市县两级组织、扶贫部门对本级选派第一书记和驻村工作队员实行备案管理，建立台账，抓到人头；市委组织部、市扶贫办开展第一书记和驻乡驻村工作队履职情况专项督查。

着力保持队伍稳定。认真落实"驻村工作队不能撤"的要求，2019年10月市扶贫开发领导小组办公室印发

《关于贯彻落实全国驻村帮扶工作培训班会议精神进一步做实做好驻村帮扶工作的通知》,明确规定:"从现在至2020年底,要保持驻村干部相对稳定,原则上不作大调整、大轮换。对履职尽责不好、落实驻村工作要求不到位的干部,要严肃处理、及时调整召回。对确因身体、家庭等原因不宜驻村的,可个别轮换。"自2020年3月起对区县选派贫困村第一书记和驻村工作队员实行市委组织部、市扶贫办"提级管理"。2020年1月至9月,市委组织部、市扶贫办共审批同意市属单位、区县召回调整75名(其中:身体健康原因36名、退休17名、家庭有特殊困难6名、辞去原单位职务和工作调动11名、工作不胜任1名、受处分1名、病故和因公牺牲3名)。对调整后的空缺岗位,严格条件补充到位,保证驻村力量不减。

注重强化关心关爱。印发《国务院扶贫办关于关心基层扶贫干部保障安全工作的通知》,加强情感关怀、生活关爱、工作激励,不断激发驻乡驻村干部工作热情与动力。一是加强经费保障。市扶贫办每年为18个深度贫困乡镇安排项目管理费各20万元,区县每年为每个驻村工作队统筹安排不少于2万元工作经费,保障驻乡驻村工作队做好脱贫攻坚工作。督促派出单位为第一书记每人每年安排不低于1万元的工作经费,实行驻村干部与派出单位项目、资金、责任"三捆绑",做到"一个干部派下去，整个单位帮起来"。二是突出关心关怀。扶贫干部驻乡驻村期间，定期组织谈心谈话，落实住村补贴、每年体检、人身保险等各项待遇，对患病或有困难的及时进行帮扶。建立因公牺牲党员干部家属帮扶长效机制，为因公牺牲扶贫党员干部的家属、患大病或家庭有特殊困难的第一书记各发放慰问金 5000 元。单列驻乡驻村干部年度考核指标，并将优秀等次比例提高至30%。三是注重培养使用。分级分类对驻乡驻村干部开展全员轮训，对在脱贫攻坚一线经受磨炼、实绩突出的驻乡驻村干部进行跟踪培养、注重选拔使用，激励他们奋发有为。市委组织部机关专门面向全市贫困村在岗第一书记遴选 3 名干部，在脱贫攻坚任务完成前继续驻村工作，收到良好反响。

着力开展全员培训。围绕深学笃用习近平总书记扶贫重要论述、掌握脱贫攻坚政策举措、运用精准帮扶方式方法等，分级分类开展驻村干部全覆盖培训，提高实际工作能力。2017 年 7 月以来，市级层面先后 4 次举办市属单位选派驻乡驻村干部培训班，同时举办贫困村第一书记及驻乡工作队员市级培训班。2020 年 3 月 26 日，利用全市党员远程教育系统，组织有扶贫开发任务区县的 3.1 万名驻村干部、涉贫村"两委"成员和新任乡镇干部等开展专题培训；5 月 25 日至 27 日，举办全市脱贫攻坚专题培训班，采取"市委党校主课堂+视频系统远程连线"方式，对全市未参加相关培训的1809名新选派驻村干部和新任乡镇领导班子成员、村"两委"成员等进行了全覆盖培训。

充分发挥帮扶作用。督促指导驻村干部对照中央打赢脱贫攻坚战的"三年行动指导意见"明确的10项主要任务，积极宣传贯彻党中央、国务院关于脱贫攻坚各项方针政策，参与精准扶贫工作，推动发展村级集体经济，帮助加强基层组织建设，积极培养创业致富带头人，培养帮带推动贫困村持续发展的骨干力量等，广大驻乡驻村干部认真履职尽责、用心用情帮扶，真正成为所驻村脱贫攻坚先锋队、精准扶贫主力军、贫困群众贴心人，用自己的辛苦指数换来了贫困群众的幸福指数。尤其是在疫情防控和防汛救灾中，全市驻村工作队员和第一书记闻令而动、迅速集结、冲锋在前，在组织带领村"两委"干部和党员群众战疫情抗洪灾中发挥了重要作用，得到了群众和组织的广泛好评。

典型案例五：倒在脱贫攻坚路上

杨骅，生前任忠县安监局办公室副主任、忠县金鸡镇傅坝村第一书记、驻村工作队队长，被追授"重庆市优秀共产党员""重庆市脱贫攻坚模范"等荣誉称号。2017年，杨骅积极响应组织号召，到忠县金鸡镇蜂水村任驻村工作队员。蜂水村离忠县县城58公里，山高坡陡、经济落后，是全县 72 个贫困村之一。一进村，他便每天走田坎、进农家、爬山头、钻果园，2 个月走遍了蜂水村 63 户贫困户，把村里情况摸了个门儿清。在他的带领下，蜂水村成立了人力资源有限公司，种植笋竹 1040 亩、核桃 300 亩、矮晚柚 300 亩。他还鼓励贫困户以土地入股、劳务合作等形式参与进来，形成了一条村级特色产业链。

2018 年 7 月 9 日，杨骅被组织调到金鸡镇傅坝村任第一书记、驻村工作队队长。到村后，杨骅马不停蹄到各个村民小组召开院坝会，了解村里产业发展情况，帮贫困户规划脱贫项目、推动全村危房改造。他还因地制宜帮村里规划乡村旅游产业，眼看傅坝村的产业规划快要出来了，他却倒下了——2018 年 8 月 21 日上午 8:20，杨骅倒在了研究脱贫攻坚的会上。年仅 48 岁的杨骅用自己的奉献担当、宝贵生命，践行了一名共产党员的铮铮誓言！

第五章·强作风提能力为脱贫攻坚保驾护航

脱贫攻坚战考验着各级领导班子和党员干部的精神状态、能力素质和工作作风。脱贫攻坚任务能否高质量完成，关键在人的观念、能力、干劲、作风。习近平总书记视察重庆时指出："要把全面从严治党要求贯穿脱贫攻坚全过程，强化作风建设，确保扶贫工作务实、脱贫过程扎实、脱贫结果真实。要完善和落实抓党建促脱贫的体制机制，做好脱贫攻坚干部培训，提高各级干部的责任感、使命感和工作能力。要发挥基层党组织带领群众脱贫致富的战斗堡垒作用，深化扶贫领域腐败和作风问题专项治理，把基层减负各项决策落到实处。"[1] 提升基层干部的乡村治理能力和群众工作本领。

---

1. 习近平总书记在解决"两不愁三保障"突出问题座谈会上的讲话，2019年4月16日。

深化扶贫领域腐败和作风问题专项治理

脱贫攻坚是"硬仗中的硬仗",没有严明的纪律和过硬的作风,就难以达到预期目标。没有一个好的作风和严的纪律,一班散兵就不可能取得这场战役的胜利。要打赢脱贫攻坚战,必须以作风攻坚确保脱贫攻坚,以作风建设的严与实,多措并举、综合施策,提升脱贫攻坚质量和速度,这是脱贫攻坚取得成效的关键所在。重庆市委书记陈敏尔强调,要把党员干部作风改进好,用心识真贫,用情真扶贫,用力扶真贫,为基层群众多解难事、多办实事、多做好事。要把领导班子和领导干部示范带动作用发挥好,做到既要带头干,又要带领干。要把扶贫资金管理好,从严惩处挤占挪用、虚报冒领等违法行为,做到法不留情、"刀下不留人"。

典型案例一:"访深贫、促整改、督攻坚"活动

2018年,重庆市领导深入18个贫困区县进行蹲点"促改督战"专项行动。2019年,在"促改督战"行动基础上,重庆市扶贫领导工作小组在全市范围内开展为期一年的"访深贫、促整改、督攻坚"活动。

参加人员在调研走访时有五大任务:

一是广泛宣讲习近平总书记关于扶贫工作重要论述,宣传党中央、国务院关于脱贫攻坚的决策部署,以及市委、市政府脱贫攻坚具体举措,宣传党和政府各项惠农富农政策,让群众明政策、知实惠。

二是带着中央脱贫攻坚专项巡视反馈问题深入一线,进村入户听取民意、摸清实情,查摆问题、剖析根源,推动巡视反馈问题真改实改、全面整改。

三是全面走访未脱贫建档立卡贫困户,以及在义务教育、基本医疗、住房安全、饮水安全方面还存在疑点的已脱贫户;抽查走访已脱贫户,核实相关政策是否落实到位,是否存在虚假脱贫、数字脱贫和返贫情况。

四是重点围绕收入水平略高于建档立卡贫困户的边缘人口政策支持、长效扶贫产业发展,激发群众内生动力、脱贫攻坚与乡村振兴的衔接,建立健全防止返贫和巩固脱贫长效机制、2020年后减贫扶贫工作等问题,深入调查分析,提出对策建议。

五是引导群众感恩奋进、敬老爱老,传播自力脱

贫、勤劳致富正能量,激发贫困群众内生动力。2019年春节后,市领导分别到包干联系的18个贫困区县,一线推动巡视反馈意见整改落实。

实践中,重庆市坚持把扶贫领域监督执纪问责作为重要政治任务,集中力量深入开展扶贫领域腐败和作风问题专项治理,为脱贫攻坚提供坚强纪律保障。通过强化扶贫领域纪律作风建设的真办法、实举措,既推进了全面从严治党向基层延伸、厚植了党的执政基础,又加强了基层党风廉政建设。深入实施扶贫领域腐败和作风问题专项治理,开展脱贫攻坚专项巡视督查,实施最严格的督查考核。加强扶贫领域警示教育,强化扶贫信访办理,严肃查处贪污挪用、截留私分、虚报冒领、强占掠夺扶贫资金等违法违纪行为以及形式主义、官僚主义和不担当不作为等作风问题。

强化组织领导,压实脱贫攻坚责任。一是党委全力推动。各级党委主要领导带头履行脱贫攻坚第一责任人职责,督促各级各部门紧盯扶贫产业项目审批、扶贫资金监管、基础设施建设、扶贫干部作风表现等重点,坚决纠正少数干部的消极麻痹思想。二是层层传导压力。采取会议座谈、考核通报、问题约谈等多种方式,压紧压实基层党组织主体责任、纪检监察组织监督责任以及农委、民政、建委等主责部门监管责任。三是全面加强监管。突出"五个精准"严格识别标准和程序,动态管理扶贫对象，实现识别精准；坚持"一村一策、一户一法"原则，科学确定贫困村项目建设内容和贫困户脱贫到户项目，实现安排精准；建立到村到户扶贫资金台账，严格资金使用审批、公示流程，实现使用精准；选派素质过硬的干部参加驻村帮扶，实现选派精准；健全脱贫退出机制，严格退出标准流程，实现成效精准。

强化协作联动，形成综合治理合力。一是成立专项治理领导小组。建立联席会议制度，每季度召开一次工作推进会，通报专项治理进展情况，研究解决工作推进过程中存在的突出问题。二是制定专项治理实施方案。坚持问题导向、精准监督、抓常抓长、标本兼治的工作原则，坚决整治履行脱贫攻坚政治责任不力问题，坚决查处扶贫领域腐败问题，坚决将整治扶贫领域形式主义、官僚主义等3个方面10大类问题作为治理重点，明确8条治理措施，细化分解32项具体工作任务。三是健全专项治理工作机制。建立归口联系机制，明确由重庆市第一至第四纪检监察室归口联系相关街镇和部门，加强业务指导和工作督查，每月汇总专项治理进展情况。建立定期回访机制，组建工作组，采取明察暗访的方式，每季度对移送或交办的问题线索处置情况进行督导检查，严格有关情况通报，坚决防止问题线索一交了之，问题整改纸上运转。

强化专项督查，深挖细查突出问题。一是访实情。

例如，北碚区成立4个专项督查组，分8个小组对有脱贫攻坚任务的11个街镇、40个村、63户未脱贫建卡贫困户进行全覆盖入户走访，共发现突出问题5类22个，向街镇反馈需整改问题7个。二是听民声。围绕低保五保、临时救助、救灾救济、危旧房改造等群众关心的问题，采取明察暗访、查阅资料、个别谈话、随机抽查等方式，深入了解扶贫资金管理发放情况，实地查看扶贫项目建设情况，面对面听取群众对扶贫工作的意见建议。三是查问题。重点督查贯彻脱贫攻坚决策部署不坚决、对象识别不精准、帮扶责任落实不到位、资金管理不规范等问题，坚决查处发生在扶贫资金中的贪污挪用、截留私分、虚报冒领、吃拿卡要、优亲厚友等违纪违法行为，确保扶贫政策和惠民资金真正惠及贫困群众。

强化监督执纪，保持惩治高压态势。重庆市进一步加大对扶贫领域腐败和作风问题查处力度，仅2019年一年查处扶贫领域腐败和作风问题858件、处理1234人，严守脱贫攻坚纪律红线。一是深入开展专项巡察。深化政治巡察，把脱贫攻坚落实情况作为巡察重要内容。例如，北碚区委巡察办分两轮对6个涉及脱贫攻坚任务的部门、街镇开展专项巡察，发现扶贫教育宣传不深入、村级道路修建进度滞后等问题28个，掌握扶贫领域问题线索12条。二是严查问题线索。针对监督检查、专项巡察发现的落实中央、市委、区委相关要求不坚决，资金补助对象资格审核把关不严不实,贪污侵占、虚报冒领等腐败等问题线索,坚持及时办理、挂牌督办,严查快办、严惩不贷。三是强化通报曝光。对查处的十八大以后发生的扶贫民生领域问题,一律点名道姓通报曝光。例如,通报曝光蔡家岗街道社保所干部张为香违规领取国家C级危房改造补助资金、三圣镇德龙村党总支副书记康大成违规享受建卡贫困户慰问金等问题。

聚焦扶贫领域"身边案"推进警示教育。重庆市纪委监委聚焦近年来全市查处的扶贫领域腐败和作风问题典型案例,拍摄制作了《护航脱贫路》《为了"一个也不能少"的庄严承诺》两部警示教育片,要求各级纪检监察机关以此为重点,结合身边典型案例,扎实开展扶贫领域以案说纪、以案说法、以案说德、以案说责警示教育,充分发挥反面典型的警示、震慑和教育作用,引导广大党员干部举一反三、反躬自省,不断增强纪律意识、改进工作作风,积极投入到精准扶贫、精准脱贫工作中。

在"减"字上下功夫。习近平总书记深知,形式主义官僚主义之弊非一日之寒,从根子上减轻基层负担也非一日之功。一些困扰基层的形式主义问题依然存在,有的十分顽固,甚至出现了一些新动向新表现。"要聚焦形式主义、官僚主义问题开展全面检视、靶向治疗,切实为基层减负,让干部有更多时间和精力抓落实。"[1] 防止文山会海反弹回潮,改进督查检查考核方式方法,着力提高调查研究实效,深化治理改革为基层放权赋能。

典型案例二:专项治理骗补问题,管住扶贫假把式

2019年6月底,在试点的基础上,重庆市在18个扶贫重点区县开展了集中整治社会经济组织骗取扶贫财政补贴问题工作。专项整治缘起于该市武隆区、彭水县曾经发生的两起骗补案。

酉阳土家族苗族自治县一养殖户修好羊舍没养羊,验收时借来100多只山羊也顺利过关,拿到了10万元扶贫财政补贴;涪陵区一家公司用同一个项目同一张发票,从不同部门申请到40多万元财政补贴。聚焦两起案件暴露的问题,2018年7月,重庆市纪委监委民生监督室专门到相关部门、地区走访调研。调研发现,相关职能部门对农业合作社、公司企业、家庭农场等社会经济组织的扶贫财政补贴采取"先建后补"的原则,涉及补贴种类多、管理主体多、监管条线多等问题,在项目承建业主的确定、项目实施、项目验收环节都存在廉政风险。

针对调研发现的问题,调研组开出"药方":先督

---

1. 习近平总书记在浙江考察时的讲话,2020年4月1日。

促案发地武隆区、彭水县举一反三，试点整治社会经济组织骗取扶贫财政补贴问题，实践探索一套可复制的经验再推开。

在2019年6月召开的扶贫重点区县启动集中整治工作动员部署会上，武隆区、彭水县纪委监委主要负责人为18个扶贫重点区县"复盘"整治社会经济组织骗取扶贫财政补贴问题试点工作，具体做法是：在市纪委监委指导下，"从动员部署、开展自查自纠，到督促党员干部主动说明问题、抽查核实、查处通报问责，再到建章立制这'六步走'，党委政府、主管部门、纪委监委共同构筑了一个监管闭环"。

截至2020年，18个区县共排查清理项目13843个，纠正问题429个，22名党员干部主动向组织说清问题，各级纪委监委发现相关线索182件，已处理154人，累计清退违规资金1600多万元。假把式没了，群众获得感多了。

提升基层治理能力

没有乡村的有效治理，就没有脱贫攻坚的全面胜利，更不会实现乡村全面振兴。习近平总书记在考察重庆时指出："要加强乡村两级基层党组织建设，更好发挥在脱贫攻坚中的战斗堡垒作用，提高党在基层的治理能力和服务群众能力。"[1] 为此，重庆市抓党建促脱贫攻坚中，着力围绕提升基层治理能力。

重庆市委组织部、市委宣传部、市司法局、市民政局联合印发了《关于实施民主法治村（社区）自治、法治、德治"三治结合"建设行动方案》，强调以加强党的建设为核心，以加强自治建设为基础，以加强法治建设为保障，以加强德治建设为支撑，坚持全面参与、分步推进原则，全面提升全市民主法治示范村（社区）创建质量

---

1. 习近平总书记在重庆考察时的讲话，2019 年 4 月。

和水平，打造共建共治共享的新时代基层社会治理格局。

重庆市强化农村群众性自治组织建设。健全党组织领导的自治、德治、法治相结合的乡村治理体系，深化村民自治实践，建设法治乡村，提升乡村德治水平。全面推行村党组织书记通过法定程序担任村民委员会主任、村"两委"成员交叉任职，提高村民委员会成员、村民代表中党员占比。严格实行"四议两公开"，村级重大事项决策在村党组织领导下，经村党组织提议、村"两委"会议商议、党员大会审议、村民会议或者村民代表会议决议的程序进行，决议公开、实施结果公开。坚持落实基层群众自治组织"自治事项清单""协助清

江津区

巫溪县

单""负面清单""证明事项保留清单"。务实完善村规民约，健全道德约束机制，依托村民会议、村民代表会议等加强村级事务民主协商，强化农村群众自我管理、自我教育、自我服务、自我监督。健全农村公共法律服务体系，坚持和发展新时代"枫桥经验"，纵深推进扫黑除恶专项斗争，深化抓党建促农村宗教治理。

典型案例三："四自"协同引导村民管好办好村务事

重庆市铜梁区"坚持群众主体，激发内生动力"，发扬基层民主、推进村民自治，探索建立以"自我管理"

为抓手、"自我服务"为载体、"自主决策"为支撑、"自主监督"为保障的村民自治"四自"协同机制。

以村规民约为抓手引导村民"自我管理"。重新修订完善村规民约，引导村民积极参与自治。"村里的事情必须坐下来大家一起商量才行""邻里之间有啥事要互相帮衬""要送娃儿多读点书"，形成包括思想引领、协商议事、发展集体经济、参与互帮互助等"双十条"规范性内容和积分制管理办法。

以培育社区社会组织为核心鼓励村民"自我服务"。围绕协商议事、乡风文明、邻里守望、环境美化、扶贫济困、产业发展六大类孵化社会组织。建立完善规范社区社会组织运行机制，通过建立定期联络"三个一"（每周一次见面、每月一次活动、每季度一次总结）、关键节点探访、回应服务等制度，搭建与村民之间的桥梁，切实解决村民的诉求。

以健全民主议事协商制度为路径规范村民"自主决策"。铜梁区建立健全以党支部为领导、村"两委"联席会和村民代表会议为依托的"一商二议三公开"民主议事协商制度。按照村"两委"联席会商议、村民代表会议决议、公开接受监督的程序，协商解决关系村民切身利益和需全体村民代表决定的脱贫攻坚、集体经济发展、人居环境整治等事项。

以"阳光村务"为举措强化村民"自主监督"。铜

铜梁区

梁区严格落实村务公开制度，推行"四务"（党务、政务、财务、服务）每月一次"线上+线下"按时公开，重大事项即时公开，将"坨坨账"变为"流水账"，确保公开对象全覆盖。成立村务监督委员会，严格执行事前、事中、事后全程监督。事前，通过征询村民意见和列席会议，确定监督事项；事中，进行检查询问，向村"两委"提出建议意见；事后，向村民会议或村民代表会议报告监督结果。

  法律知识的匮乏和思想精神的贫瘠，也是贫困地区不少群众致贫原因之一。一些贫困地区特别是深度贫困地区的法治现状仍不容乐观，矛盾纠纷依然十分突出，社会治安防控体系建设也相对滞后；贫困地区

铜梁区

群众思想观念守旧，法律知识和法治意识比较淡薄，运用法律武器维护自身合法权益的意识明显不足。教育引导贫困地区干部群众办事依法、遇事找法、解决问题用法、化解矛盾靠法，逐步构建"法治扶贫"工作长效机制，既是现实需要，又具长远意义。重庆市充分发挥政法资源优势，在对口帮扶的武隆区运用法治思维、法治方式推进脱贫攻坚工作，以"法治扶贫"为载体，不断探索创新，着力加强贫困地区基层社会治理，促进贫困地区自治、法治和德治融合发展，使人民群众尊法学法守法用法意识明显增强，乡村治理法治化水平明显提高，为决战决胜脱贫攻坚、全面建成小康社会提供坚强的法治保障。

典型案例四:"莎姐"进乡村普法宣传助脱贫

为充分发挥"法治扶贫"在打赢脱贫攻坚战中的重要作用,2020年11月9日,永川区人民检察院在12个镇街开展"莎姐"大普法走进乡村活动,为基层群众普及民法、刑法等方面的法律知识。据统计,活动受众达4000余人,发放资料2000余份。

乡风文明是乡村振兴战略的重要组成部分。在打赢脱贫攻坚战的过程中,必须进一步加大乡风文明建设力度,坚持物质文明和精神文明一起抓,提升农民精神风貌,培育文明乡风、良好家风、淳朴民风,不断提高乡

永川区

村社会文明程度，努力推动乡村振兴，为人民群众创造高品质生活。为此，重庆市发挥党组织在乡村治理中的领导核心作用，把农村各种组织统起来，加强农村群众性自治组织建设，健全和创新村党组织领导的村民自治机制，制定村规民约，发挥新乡贤在乡村治理中的作用，遏制陈规陋习，推动乡村移风易俗，培育文明乡风、良好家风、淳朴民风，基层党组织的凝聚力、号召力持续增强。

典型案例五："新乡贤"创新基层治理

基层治理是反映基层党建强不强的一面镜子。永川区积极发挥村级党组织的统领作用，依托党员新乡贤，在全区建成107个"乡贤评理堂"，宣传党的主张、助推乡村治理，为党建引领基层治理探索有效途径。

永川区仙龙镇太平桥村曾是出了名的贫困村，出行难、耕种难、效益低，如今产业兴旺发达、院落整洁干净、邻里友善和睦，展现出一派新气象。太平桥村的华丽蜕变离不开"乡贤评理堂"的作用。2017年，太平桥村在镇村党组织的支持下建起了"乡贤评理堂"，党员蒋显明因为人正派、处事公道，被群众推选为"新乡贤"。他带领群众硬化通组公路、整治乡村环境，还引导村民参与土地流转，组织42户村民将闲置的306亩土地集中流转发展油菜、锦橙等特色作物。有了"乡贤评理堂"，

永川区

产业政策纷纷得到落实,土地纠纷、邻里矛盾顺利得到化解。

在"乡贤评理堂"的带动下,如今太平桥村产业兴旺、民风淳朴,形成了民事民议、民事民办、民事民管的自治氛围,曾经的贫困村成了平安大院示范点、清洁乡村示范点和乡村旅游示范点。

提高群众工作本领

群众工作能力是提高党长期执政能力的根本。各级领导干部要从巩固党执政的阶级基础和群众基础的高度出发,保持顽强的工作作风和拼劲,满腔热情做好脱贫攻坚工作。重庆市抓党建促脱贫攻坚,全面提升基层干部的群众工作本领和抓落实本领,不仅提要求,而且通过多样化的方法教会基层干部做好新时代的群众工作。

典型案例六:"四访"工作法激发贫困群众内生动力

奉节县地处长江三峡库区腹心,集大山区、大农村、大库区于一体,是国家扶贫开发重点县。近年来,奉节县坚持以习近平新时代中国特色社会主义思想为指引,探索创新干部走访、教师家访、医生巡访、农技随访"四访"工作法,实实在在帮群众解难题、为群众增福祉、让群众享公平,以志智双扶推动志智双升,引导

第五章·强作风提能力为脱贫攻坚保驾护航

彭水县

江津区

群众依靠自力更生实现脱贫致富。

干部走访"扶志"。全县干部坚持靠作风吃饭，遍访群众、引导群众、服务群众，通过缩短物理距离拉近干群心理距离。将"八到户八到人"[1]作为走访的基本要求，到户看院子、抬眼看房子、伸手开管子、进门开柜子、走近问身子、坐下问孩子，动态掌握每户家底，及时录入"23188"户情大数据系统，确保贫困对象一个不漏、一个不错。提升"两力两感"，聚焦提升群众"致富能力、内生动力"和"获得感、幸福感"，深入开展"两回两讲两解"，与群众交心谈心、将心比心、以心换心、心心相印，引导群众树立主体意识，发扬自力更生精神，变"要我脱贫"为"我要脱贫"，3500余户贫困户主动申请脱贫。

教师家访"扶智"。扶贫必扶智，治穷先治愚。坚持教育均衡发展，把优质资源向农村倾斜，不让一个学生因贫困而辍学失学。抓好"三送一帮"，每月"送育上门"，实行教师和贫困学生"结对子"，稳定实现"零辍学"目标；定期"送爱上门"，组织老师当好孤儿、留守学生"临时家长"，开展心理辅导，鼓励自信自强；每周"送教上门"，组建"移动学校"，356名重度残疾、生活无法自理

---

[1] "八到户八到人"，是指干部到户、见面到人；宣传到户，引导到人；政策到户，落实到人；问题到户，解决到人；产业到户，收入到人；帮扶到户，志智到人；环境到户，文明到人；效果到户，满意到人。

的孩子在家平等享受教育。保障从幼儿园到大学的"三免一补"教育资助体系全面落实，无一遗漏。

医生巡访"扶弱"。奉节统筹全县医疗资源，让医生走到院坝去、把健康送到家门口，让群众小病少跑路、大病少花钱，做到身心病根"双根除"。一是开展"三诊联动"。实行签约医生定期"问诊"，建立巡访队伍332支，3146名巡访医师对接8415户因病致贫家庭，每月送医送药上门；专家和乡镇卫生院定期到院坝集中"义诊"，宣传医疗救助政策，免费开展健康体检，引导健康生活习惯；村医常态"送诊"，对小病小患及时上门服务，对慢病患者定期关怀关心。二是强化"六重保障"。叠加居民医保、大病补充险、民政救助、健康扶贫基金、精准脱贫保和县级医疗救助六项政策，用制度体系保障贫困群众真脱贫、稳脱贫，贫困户住院自付费用控制在10%以内，在全国率先推行失能人员集中供养，彻底终结"辛辛苦苦几十年、一病回到解放前"的历史。三是探索"一体互联"。与阿里健康、西南医院等机构深度合作，搭建以互联网为纽带、分级诊疗为核心、实体医院为支撑的网络医院平台，群众在村卫生室就可以享受三甲医院诊疗，做到小病不出村、大病县里看、重症连省院。

农技随访"扶技"。奉节大力开展农技随访，在"授之以鱼"的同时更"授之以渔"，指导农民种什么、怎么种、如何卖出好价钱，让"弱鸟也能高飞"。一是专家团

"包片"。聘请西南大学、中国农科院等机构20余名专家组建"顾问团",分片分类指导产业结构优化,在低山带发展脐橙33.5万亩,在中山带发展油橄榄13万亩、特色小水果12.5万亩,在高山带发展中药材13.5万亩、有机蔬菜30万亩,改变了"守着绿水青山苦熬、抱着金山银山受穷"的局面。二是技术队"包村"。统筹全县农业、科技等行业资源,376名特派员每人蹲点一个村,1000名"土专家"每人带动100户,在田间地头面对面讲解、手把手示范,借力"三变"改革,培育"小规模、多品种、高品质、好价钱"的现代山地特色高效农业体系。三是经纪人"包销"。引进和培育农民经纪人,深入推进"接二连三",促进产业变产品、产品变商品、商品变精品,真正让好产品打开好销路、卖出好价钱、获得好口碑,把自然天成的优质农产品通过网络卖到全国,2018年农特产品销售额达15亿元。

第六章·启示与展望

抓党建促脱贫是中国扶贫的主要经验。中国如期实现现行标准下农村贫困人口全部脱贫、贫困县全部摘帽，解决区域性整体贫困问题，在中华民族几千年发展历史上首次整体消除绝对贫困现象，这个足以载入人类社会发展史册的伟大成就，深刻地向世界展现我国国家制度和国家治理体系的显著优势。

重庆市认真贯彻习近平新时代中国特色社会主义思想，把抓党建促脱贫攻坚作为组织路线服务政治路线的重要任务，聚焦脱贫攻坚选干部配班子、建队伍聚人才、抓基层强基础、强作风提能力，为夺取脱贫攻坚全面胜利提供了坚强组织保障。重庆市结合实际，不断将科学理念和先进方法融入治理实践，形成了一整套行之有效的贫困治理方案，为探索中国特色的贫困治理道路提供了诸多有益的经验和启示。

党组织全面领导统起来

重庆的探索启示我们，党组织是基层社会治理的领导力量。要按照"大治理"的思想，通过统筹推进、系统治理，打造治理"共同体"，把党的领导贯穿于基层社会治理的全过程和各方面，把党的政治优势转化为基层社会治理的工作优势，推动治理主体从"多中心"向"一核多元"转变。要把党组织建设好，以提升组织力为重点，突出政治功能，把基层党组织建成宣传党的主张、贯彻党的决定、领导基层治理、团结动员群众、推动改革发展的坚强战斗堡垒。要健全党委总揽全局、协调各方的领导机制，强化乡村党组织在基层治理中的领导核心作用，提升党员干部引领基层治理、服务群众的能力，实现党组织领导功能与群众组织社会治理功能的良性互动。从根本上说，要建立健全党把群众路线贯穿到基层治理各个环节的体制

石柱县

机制，确保党对群众和社会组织的领导，确保党对基层社会治理的全面领导。

打赢脱贫攻坚战，要建立健全党建促脱贫攻坚、乡村振兴的体制机制。一是细化落实农业农村优先发展政策举措。坚持和加强党对"三农"工作的领导，加快出台农业农村优先发展的指导意见，从制度层面确保"四个优先"落到实处。二是坚持书记抓、抓书记。坚决落实习近平总书记关于"五级书记抓脱贫攻坚""五级书记抓乡村振兴"的重要指示要求，强化各级党委和政府在脱贫攻坚和实施乡村振兴战略中的主体责任，推动各级书记齐抓共管，一级抓一级、层层抓落实。三是发挥督查考核的利剑作用。完善考核机制，改进和完善考核方法、程序等，强化结果导向，让党建与脱贫攻坚、乡村振兴两手抓、两相促。加强对党建促脱贫攻坚、乡村振兴的督导与指导，及时发现先进典型并加以推广，坚决避免和纠正形式主义、官僚主义等问题。

党组织自身建设强起来

重庆的探索启示我们，基层党组织是基层治理的核心。农村基层是打赢脱贫攻坚战、实施乡村振兴战略的前沿阵地，把基层党组织建设成为脱贫攻坚和乡村振兴的坚强战斗堡垒，坚持以选优配强领头人为重点，建强基层党组织。

选好带头人。加大对不适应村支书的调整力度，着力把群众公认、综合素质高、带动发展能力强、处事公平公正的党员选拔为基层党组织书记。对本村没有合适人选的，可通过上级选派、跨村任职、公开选聘等方式选贤任能。建立第一书记派驻长效工作机制，全面向软弱涣散村、集体经济空壳村、贫困村、乡村振兴示范村派出第一书记。持续用力整顿软弱涣散党组织，精准确定后进基层党组织，针对班子不强、机制不好、发展落后等不同"病根"，"一支一策"量身

黔江区

定制整改措施，整改不到位不罢手，党员群众不满意不收兵。优化党员队伍结构，着力解决好农村党员队伍"青黄不接"的问题，将优秀本乡本村青年、返乡务工人员纳入视野，加强引导和培养，成熟一个发展一个，为基层组织建设提供源源不断的新鲜血液。探索建立完善党员退出机制，及时清退不合格党员，保持党员队伍先进性和纯洁性。推动全面从严治党向基层延伸，加大基层反腐败力度，严肃查处群众身边的不正之风和腐败问题，坚决把腐败分子清除出基层干部队伍，打通反腐败斗争的"最后一公里"。重庆的经验显示，抓党建促脱贫攻坚、乡村振兴，要聚焦农村基层这个重点，坚持问题导向，扭住支部和党员干部两个关键精准发力，着力提高基层党组织的凝聚力、战斗力、创造力，让党员干部成为带领群众脱贫致富、共奔小康的先锋和模范。

干部队伍严管厚爱干起来

重庆的探索启示我们，必须提升基层党员干部队伍素质和能力，拓宽基层干部来源。建立后备干部队伍，从回乡大学生、复退军人和创业人员中建立资源库，加强跟踪培养，从源头上解决基层党组织书记队伍人才匮乏问题。加强规范化管理，探索建立规范化管理机制，认真落实"三会一课""党员活动日""党费收缴"等基础性工作，加强基层干部作风建设，积极推行"四议两公开"等工作法，提升基层党员干部公信力。加强教育培训，充分利用示范培训基地和各级党校、现代远程教育站点，每年有针对性地对基层党支部书记或村委会主任开展集中式培训，加强政治理论、"三农"政策、法律法规、实用技术等培训，使村干部具备多种专业知识和技能。

调动基层干部干事创业积极性、主动性，大力营造

永川区

"近悦远来"环境,让农村成为大有可为的土地、充满希望的田野。一是加强理想信念教育。认真开展"不忘初心、牢记使命"主题教育,提升党员干部责任意识、先锋意识,用理想信念激励基层干部担当作为,做给群众看、带着大家干,成为带动群众脱贫致富的先锋模范。二是保障基层干部合理待遇。探索建立工作报酬正常增长机制,根据经济社会发展水平实行动态调整。重点解决好村干部关心、期盼的养老保险、医疗保险等问题,消除基层干部后顾之忧。三是树立重视基层的选人用人导向。

把脱贫攻坚和乡村振兴作为识别干部、考察干部的"赛马场",大力选拔使用工作实绩突出的基层干部。拓宽从村干部中定向招录公务员、事业单位人员的渠道,让基层干部政治上更有奔头、工作上更有干劲。

人民群众共同参与活起来

重庆的探索启示我们，群众是基层社会治理的主体力量。要推动基层社会治理现代化，必须走好新时代群众路线，建设人人有责、人人尽责、人人享有的社会治理共同体。首先，要创新群众参与社会治理的组织形式，不断拓展群众参与社会治理的渠道，健全公众参与的体制机制。其次，创新网络问政等各种平台建设，完善重大民生决策事项民意调查和听证制度，切实保障人民群众知情权、建议权、监督权、评议权。在脱贫攻坚中，更好地广纳民智，广聚民力，让群众更加充分地享受民主权利，在法律保障下议事、主事、监事，体现主人公的尊严和自豪。最后，把群众调动起来发展壮大村级集体经济，发展壮大村级集体经济是增强村集体凝聚力、向心力和增加农民收入的重要途径。

发挥党建引领作用，用党建融合资源、用活资源，

忠县

大力挖掘乡村资源禀赋优势，聚集各类优势资源，盘活基层沉睡的资源、资产，进一步激发农业农村发展动力和活力。积极探索在党的领导下发展村级集体经济的新机制，加快解决集体经济空壳村问题，创新管理运营模式，探索推进合股联营、引入职业经理人等方式，提升村级集体经济组织运营管理能力。要以土地制度改革为牵引，通过农村"三变"改革等强化改革集成，完善集体经济发展同农户的利益联结机制，让村级集体经济保值增值，实现集体经济增长、农民收入增加、基层党组织威信增强。

基层组织协同治理动起来

重庆的探索启示我们，农村基层经济、社会组织是基层治理中一支活跃的力量，也是潜在的有待进一步开发的力量。推动基层社会治理现代化，必须健全开放多元、共建共享的社会协同机制。以基层党组织的治理实践创新，提升基层治理体系和治理能力的现代化水平。

把基层党建与乡村治理结合起来。推动法治、德治与自治相统一，强化农村基层党组织领导作用，深化村民自治实践，加强自治组织规范化制度化建设，健全村级议事协商制度，推进村务公开和村务监督，充分发挥各类人才、新乡贤等群体在乡村治理中的作用，积极运用智能化大数据手段服务群众，让乡村治理插上信息化的翅膀。把基层组织建设和扫黑除恶相结合。坚持有黑扫黑、无黑除恶、无恶治乱，深入推

丰都县

进扫黑除恶专项斗争，重拳铲除农村黑恶势力及其背后保护伞，坚决把"村霸"的嚣张气焰打下去，修复基层政治生态和社会生态。以党建引领乡风文明建设。强化乡村规划引领，大力改善农村人居环境。持续推进农村精神文明建设，引导农民践行社会主义核心价值观，做好农民群众的思想工作，坚持扶贫与扶智相结合、富口袋与富脑袋相同步，让老百姓自己动手、通过辛勤劳动过上美好生活。

下一步，重庆市将按照"贫困县摘帽后，继续完成剩余贫困人口脱贫任务，实现已脱贫人口的稳定脱贫"的指示要求，统筹抓好疫情防控和脱贫攻坚，坚持"四个不摘",保持政策稳定性、连续性,继续加大对未脱贫人口的帮扶力度,不折不扣完成剩余脱贫任务,切实巩固脱贫成果,坚决防止返贫,确保打赢疫情防控阻击战和脱贫攻坚战。

后记

2021年，是中国共产党建党一百周年。自诞生以来，中国共产党领导广大人民翻身解放，谋求富裕幸福，创造了彪炳千秋的减贫奇迹。抓好党建促脱贫攻坚，是中国贫困治理模式的鲜明特色，也是读懂中国脱贫奇迹的一把钥匙。本书以重庆市为例，向读者们呈现中国共产党在打赢脱贫攻坚战中的作用。

重庆市是我国西部唯一的直辖市，集大城市、大农村、大山区、大库区于一体，秦巴山区、武陵山区两大国家集中连片特困地区还在此汇集，面临极为繁重的脱贫任务。近年来，重庆市高度重视抓好党建促脱贫，把夯实农村基层党组织同脱贫攻坚有机结合起来，推动党的组织优势转化为扶贫优势。重庆市以更加精准扎实的组织措施助推脱贫攻坚，在战略部署上"扣扣子"、在责任履行上"担担子"、在任务落实上"钉钉子"，创造了一系列具有重庆特点的经验，为高质量打赢打好脱贫攻坚战提供了组织保障。

本书由国家乡村振兴局中国扶贫发展中心组织编

写。在写作过程中，黄承伟主任对框架结构和内容进行了精心设计。在调研过程中，重庆市乡村振兴局宣传处郭黎、重庆市委组织部组织三处彭珩处长给予了大力支持，接受了访谈。重庆市开州区、石柱县提供了大量基层案例。全书写作由中央党校党建部郑寰副教授主要负责，党建部硕士生袁美秀负责了相关案例整理和第三章部分写作。

  百年大党攻坚克难，为解决千百年的贫困问题提供了中国方案。中国共产党的独特优势，为实现乡村振兴、根除贫困提供了源源不绝的力量。如何进一步夯实党的执政根基，把党建优势转化为治理效能，仍有许多理论和实践空白。谨以此书，向中国减贫事业献身奋战的基层工作者致敬。

郑寰

2021 年 5 月于京西大有庄